谁说尽上海

——《长恨歌》与《福民公寓》之比较

喻智官 著

飞马国际出版社

目次

谁说尽上海——《长恨歌》与《福民公寓》之比较 1

    前言 斗胆"文学碰瓷" 3

第一部分 《长恨歌》——一部臆造社会现实的作品

    一 王琦瑶——一个无根无底的"上流社会淑媛" 10

    二 没有自我的配角 20

    三 乱造场景 胡编情节 37

    四 人物雷同 细节滥造 51

    五 颠倒虚实 矫饰时世 64

    六 违逆真相 趋媚低俗 74

    七 路先生"击溃"王琦瑶 84

    八 墙外不识墙内事 看椟论珠 91

第二部分 《福民公寓》——一部反映上海史实的作品

    一 写作的缘起 103

    二 写作的酝酿和完成 106

    三 《福民公寓》与《长恨歌》谁说尽上海? 107

四　留待后人评说　　*109*

　　附文　一部堪称文革纪念碑的长篇小说　　*111*

中国当代文学的尴尬——从得茅奖的王安忆看得诺奖的莫言　　*119*

　　莫言凭什么得诺贝尔文学奖？　　*121*

　　莫言"宣言"——我是犬儒我怕谁？　　*135*

谁说尽上海
——《长恨歌》与《福民公寓》之比较

前辈著名作家白桦一篇平平淡淡的人物散记《我的邻居路先生》，却如道行精湛的武林高手，只用一指（禅）轻轻点穴王安忆的《长恨歌》，这部"经典""名著"就拉胯散架，其主题立意、人物形象都无以立世。

　　幸遇"路先生"，他壮我"鼠胆"，催我拿出压在抽屉的拙稿。

——题记

前言 斗胆"文学碰瓷"

没有比写这种文字更令人踌躇了,有好几次,我在电脑前沉吟半晌,最终没有叩击键盘。

拙作《福民公寓》围绕文革,书写一九四九至一九八〇年代上海市民的生死歌哭。不出我预料,因内容犯忌想在大陆出版而不得,只能先后在香港(二〇〇四年)和台湾(二〇一二年)付梓。我把《福民公寓》邮寄给大陆的同学,被海关没收,就归为"禁书"了。所幸有网络,可以把文稿上传进大陆,便聊胜于无地赖以自慰。

二〇一六年后,我每次在网上搜索《福民公寓》的反应,总会跳出一则评论《长恨歌》的跟帖:"喻智官的《福民公寓》写的比《长恨歌》好。"出现在名为"宽带山"的网站,是网名"大时代"的上海读者所言。

我是一个独立写作者,向来与国内文坛无涉,更无与国内作家作品攀比的意识。尽管如此,拙作得到不相识的读者的谬赞,如意外撞见石头缝开出的一朵小花,不免惊喜,也令我心生好奇,想搞清"大时代"论断的来由,便查看有关《长恨歌》的评论。

王安忆自己说《长恨歌》:

> 在那里边我写了一个女人的命运,事实上这个女人只不过是城市的代言人,我要写的是一个城市的故事。[1]

李欧梵说:

---

[1] 王安忆:更行更远还生——答齐红、林舟问。

王安忆的《长恨歌》描写的不只是一座城市，而是将这座城市写成一个在历史研究或个人经验上很难感受到的一种视野。[1]

陈思和说：

　　王安忆的《长恨歌》则是刻意地为上海这座城市立像，她不但写出了这个城市的人格形象，也刻意写出了几代市民对这个城市曾经有过的繁华梦的追寻。[2]

网上书店如此推介《长恨歌》：

　　一个女人四十年的情与爱，被一枝细腻而绚烂的笔写得哀婉动人，其中交织着上海这所大都市从四十年代到九十年代沧海桑田的变迁。

　　……
　　上述誉美之词表达的都是一个意思，即一部《长恨歌》，一个王琦瑶，说尽了上海这座城市和上海人那些年的故事。
　　读到这些，我无法抑制驳诘的意欲。
　　世界名著中有《简爱》式的爱情故事；有《茶花女》式的情爱故事，却没听说过，简爱是英国（或英国某地）的代言人；玛格丽特是巴黎的代言人，甚而反映了整个巴黎的故事。简爱和玛格丽特不能的事，王琦瑶凭啥能？

---

[1] 李欧梵：花踪世界华文文学奖发奖词。
[2] 陈思和：中国现当代文学名篇十五讲。

评论家何言宏也发过类似疑问：

> 王琦瑶对命运的无端臣服取消了人物的精神性格和生存状态的复杂内涵与真实面貌，而使她只成了一个王安忆个人用以演绎"上海想像"的含义单一的抽象符号，一个不折不扣的概念化的"扁平人物"。我们不禁要问，这样的符号和这样的人物，难道真是代表了上海？[1]

问题的关键是，王琦瑶的故事发生在一九四〇年代末到一九八〇年代中期，那是上海自一八四三年开埠以来最黑暗的年代，王安忆要王琦瑶"代言"那时的上海及上海人！等于用五色笔彩绘那个年代，而恝置抹去几代人承受的横祸。

对此，何言宏遗憾地"承认"：

> 在王安忆通过王琦瑶的形象所提供的上海之外，我并没有能力向人们提供另外一个简单化的和本质化的上海。我只知道，在王安忆的上海之外，还有一个血脉贲张的上海。那是"五卅"的上海、左翼的上海和抗战的上海，当然还有"文革"之中不无疯狂和剑拔弩张的上海，更有人们心目中工商的上海。[2]

此言撩动了我的心绪。《福民公寓》与《长恨歌》叙述的是同时代的上海，内容恰似何言宏所寻求的一个"本质化的上海"，一个"'文革'之中不无疯狂和剑拔弩张的上海"。尽管《福民公寓》也不能涵盖那几十年的上海，但还是可以与《长恨歌》摆一摆，两者谁说尽了上海？也鉴定一下"大时代"对《福民公寓》的谬赞是

---

[1] 何言宏：王安忆的精神局限。
[2] 何言宏：王安忆的精神局限。

否成立。

然而，此念一起，自尊就令我怯场。

王安忆可是当下炙手可热的中国文坛一姐。且不说她身居中国作协副主席兼上海作协主席高位，她的作品数量说著作等身见小，得用汗牛充栋形容。她写的小说总数超过鲁迅、矛盾、巴金、沈从文等民国几大文豪。而《长恨歌》不仅获国内茅盾文学奖，还得了海外华文文学奖。"文坛"无名之辈写的《福民公寓》去挑战"经典"《长恨歌》，除了平添"文学碰瓷"的笑料，能得到啥？

我一次次压下欲罢不能的蠢动，直到近日读到文学评论家沈喜阳文章中这样一段话：

> 具有恐怖色彩的是，《长恨歌》的这种半截真实的虚假叙事会随着它在当代的经典化（比如获奖之类）而变得在后人眼里成为一种真实叙事。时代变得越久远，它的这种"真实"就变得越真实，连它的"虚假"也就变得越真实。这种由假变真是可怕的，于是所谓的还原历史也就成为一种虚假的还原。[1]

"具有恐怖色彩"几个字戳动了我的神经！想到百年后的人看到《长恨歌》，以为那就是上海百年前的人物样貌，并作为了解百年前上海历史的佐证，我无法平复自己的惊悸。我沉重地意识到，论说《福民公寓》和《长恨歌》，不仅仅是争议一部作品的真伪，而是为上海那段不能忘却的历史辩，更是为在那段历史中惨遭凌辱和罹难的上海人辩！我不再畏葸，不再顾及个人名声的毁誉得失，斗胆辩析《福民公寓》与《长恨歌》，谁能以资后人解读真实的今天？

---

[1] 沈喜阳：论《长恨歌》的半截性。

第一部分 《长恨歌》——一部臆造社会现实的作品

王安忆从文革后至今一直是当红作家。

早年我读过她的一部中篇《流逝》。小说讲述一个资本家儿媳在文革动荡岁月的意识和行为流变。尽管内容过于温馨，结尾过于粉饰，但小说比较准确地写出了人物的性格脉络，是我"见过"的活在身边的上海人。后来听到她的《长恨歌》获奖，就买来一本，但看到一半就放弃了。是次为臻于客观，便耐下心费时研读。

讵料，逐字逐句阅毕，我不敢相信，已成"经典"的《长恨歌》如此不经"挑剔"。书中人物、情节、场景的失真和错讹，不必用上海真实的事像及世相去衡量，小说前后矛盾无法自洽的描述，信口开河不证自明的硬伤俯拾皆是，胪列出来足以让它自我否定。尽管主角王琦瑶被缠绵饶舌的王式词语修饰，看上去簇锦缀绣的华丽，却像时下大陆的食品包装，精致的盒子外加了一层又一层亮眼的蜡光纸，内里不过盛着几个甜得发腻的糕饼。

然而，查阅评论《长恨歌》的各类文章，多数在不吝褒誉的同时，都在探讨"都市小说的书写"、"女性主义的表达"之类高深议题。少数批评文章也几乎不谈小说的创作基础，人物形象是否合情？故事情节是否合理？时代气息是否合实？也许评论家没工夫斟字酌句，也许读了也不在意。

对此，评论家陈思和有一段话说得不错：

> 评论家的评论对象最好是同代人——请注意，我这里说的

是评论家的评论对象,不是学者的研究对象。这些概念是不同的。原因很简单,同代人是在同一个时代氛围下成长起来,作家创作的发生及其所要表达的意思,同代的评论家能够设身处地、比较直接地给予理解,他们对作品内涵的把握也比较准确。[1]

我想补充的是,要准确把握《长恨歌》,仅仅是同代人还不够,还必须是同时代的上海人,书中许多破绽一般外地人很难辨识,更别说不"在同一个时代氛围下成长起来"的外籍汉学家,比如李欧梵、王德威们。当然,即使大多数上海评论家包括陈思和,每遇上海作协主席王安忆出作品,也都蜂起逢迎附和唱好,却几稀不留情面的犀利批评。所以,不妨来看旅居海外的老上海人,比如在美国的作家、评论家李劼和在澳洲的作家、评论家黄惟群怎么说。

先听李劼说《长恨歌》:

> 王琦瑶的当选"上海小姐",似乎也不能让读者十分信服。估计作者对这类行当相当陌生,只是为了让小说吸引人而滥竽充数,为此还不惜工本地作了如此冗长的铺垫。

> 从第二章开始,作者以更加细腻,更加精致方式,进行一种无轨电车式的写作,一场浩浩荡荡的叙事兜风。凡是关键的地方,总是被叙事者回避得十分彻底。

> 至于(王琦瑶)这个女人在大饥荒的年代里是如何度过的,在文化大革命当中又是如何度过的,全都一片空白。最后在改革开放的年代里,突然被小偷杀死了。

---

[1] 陈思和:一份漫长的观察与理解——张新颖《斜行线——王安忆的大故事》序。

小说的聪明在于把这关键的部分，以一个小孩子（私生女）的年龄一笔带过。但小说的漏洞恰好也在于，为什么偏偏略过了这致命的十五年（一九六一——一九七六）？

我是对整个小说从根本上怀疑的，怀疑其真实性，怀疑其叙事的诚实度和诚信度。

当然了，我猜测有些人是不愿意如此怀疑的。比如李欧梵教授，或者王晓明同志。我相信假如乔姆斯基或者哈贝玛斯，读了这样的小说，也不会像我这么怀疑。但我同时相信，有许多中文读者尤其是上海的读者，读了这部小说，一定会像我这么怀疑的。[1]

同为上海读者，我不仅怀疑，还可认证李劼怀疑的理据。
既然《长恨歌》写了一个城市的故事，而且王安忆还刻意用人物复数"王琦瑶们"，"薇薇她们""你细细看去，（薇薇）她们几乎一无二致的……"等做注解。那么谈论《长恨歌》不可能游离一个城市的政治和历史，但《长恨歌》是文学作品，得先撇开政治和历史话题，仅就小说文本的艺术性立论，当然是用王安忆奉行的"写实主义"标准，而不以卡夫卡写《城堡》和《变形记》的方式去评断。

---

[1] 李劼：中国八十年代文学历史备忘。

一　王琦瑶——一个无根无底的"上流社会淑媛"

中国传统戏剧的角色分生旦净末丑等行当，演员演技的好坏就看他(她)是否活现派定的角色。王安忆让王琦瑶扮演老上海的"沪上淑媛"：

> 这名字是贴着王琦瑶起的。她不是影剧明星，也不是名门闺秀，又不是倾国倾城的交际花，倘若也要在社会舞台上占一席之地，终须有个名目，这名目就是沪上淑媛。[1]

后面又借资本家儿子康明逊之口说：

> 像王小姐这样的仪态举止，一看就是出自上流的社会，倒不是我辈可攀比的了。

这样，王琦瑶就成了"上流社会淑媛"。

淑媛一词按字典解释，是形容出身优越美好，气质闲雅贞静的女子。从寻常弄堂走出的王琦瑶，年芳十六，容貌不凡，家境小康，上过初中，勉强够格。为使她名副其实，又让她的相片上杂志封二，还放进照相馆橱窗，再让她参加上海小姐评选，拿到第三名。最后，王琦瑶被国民党高官李主任顾慕、包养，"淑媛"就前缀了"上流

---
[1] 文中所引用的《长恨歌》内容，均为人民文学出版社 2020 年 8 月印刷版。

社会"。

王琦瑶虽然攀上李主任，但两人相处不到半年，期间也是王琦瑶饥渴等李主任临幸了几次，却没随李主任参加过一次上流社会的社交活动，更没结识过一位上流社会的的人。所以，王琦瑶一九四九年前的所谓"上流社会淑媛"是无从谈起的。但作者按这个名分编王琦瑶的故事，我们就依此勘检她的举止行操是否合格。

蒋丽莉为支助王琦瑶竞选"上海小姐"，热心邀她来家里住（毫无必要地请同学寄居，是上海人闻所未闻的奇事），王琦瑶竟欣然前去，而她父母竟也放心让十六岁女儿住陌生人家，有一点淑媛的家风吗？

接下来的场景更离谱了。半大女孩

> 王琦瑶住过去之后，几乎是义不容辞的，当起了半个主子，另半个是（蒋家）老妈子。第二天的菜肴，是要问她；东西放哪里，也是她知道；老妈子每天报账，非要她记才轧得拢出入。王琦瑶来了之后，那老妈子便有了管束，夜里在下房开麻将桌取缔了；留客吃饭被禁止了；出门要请假，时间是算好的；早晨起来梳光了头发，穿整齐鞋袜，不许成天一双木屐呱哒呱哒的响。于是，渐渐的，那半个主子也叫王琦瑶正本清源地讨了回来。

还是学生的王琦瑶即便在自家也不会如此吧？却去蒋丽莉家反客为主当起主子，全然不懂客居者应有的礼数，哪是淑媛所为？

最出彩的是王琦瑶走出蒋家的情景。

王琦瑶把为她拍照的程先生介绍给蒋丽莉。蒋丽莉爱上了程先生，程先生却只爱王琦瑶，蒋丽莉得知后就和王琦瑶有了芥蒂。

王琦瑶在蒋家待不下去了，就向程先生发牢骚说："我家里也天天打电话要我回去，可蒋丽莉就是不放，说她家就是我家，她不明白，我还能不明白，我住在蒋家算什么，娘姨？还是陪小姐的丫头，一辈子不出阁的？我只不过是等一个机会，可以搬出来，又不叫蒋丽莉难堪的。"

听这话，再对照她先前在蒋家"当管家"的兴头劲，别提"淑媛"两字，上海人只会忍不住骂一句"十三点"！
王琦瑶委身李主任的过程更现眼了。

李主任四十多岁，正房妻子在老家，是父母之命，媒妁之言。另有两房妻室，一房在北平，一房在上海。而与其厮混过的女人就不计其数了。

轮到十九岁的王琦瑶连小妾也不是，按时下的说法已属"四奶"。然而，王琦瑶婉拒真心爱她的青年程先生，却对老男人李主任"一见钟情"。李主任让王琦瑶去他入股的一家百货大楼开张剪彩，又请她吃了两次饭，就把她弄得魂不守舍。

以后的几天里，李主任都没有消息，此人就像没有过似的。可那枚嵌宝石戒指（李主任送给她的）却是千真万确，天天在手上的。王琦瑶不是想他，他也不是由人想的，王琦瑶却是被他攥住了，他说怎么就怎么，他说不怎么就不怎么。李主任要给王琦瑶租房子，王琦瑶就说，明天呢？这一来李主任就被动了，因那房子只是说说的，并未真的租好，只能说还得等几天，这才缓住了王琦瑶。

面对一个家有三位妻妾、把女人当玩物的老男人，王琦瑶没有布尔乔亚的矜持，也没有应对追求的精神冲突，而是任李主任摆布，还装模作样地归于"命运"。

> 王琦瑶也不是爱他，李主任本不是接受人的爱，他接受人的命运。他将人的命运拿过去，给予不同的负责。王琦瑶要的就是这个负责。

这里的"负责"就是金钱享乐的代名词，王琦瑶近乎卖身地得到了这个"负责"。明明是卖身，但王琦瑶的表现却是"一往痴情"，好像在与李主任真诚"恋爱"。李主任消失了一个月，王琦瑶盼得"人瘦了一轮，眼睛显大了，陷进去，有些怨恨的。"而且，一见面就"偎到李主任的怀里"，他们又见了两、三次面，一周后，李主任为王琦瑶租了爱丽丝公寓，王琦瑶就和李主任上床了。

李主任除了官位和金钱，身上丝毫不见吸引年轻姑娘的魅力，不知"淑媛"王琦瑶对他的痴情来自何处？

对此，评论家何言宏直指肯綮：

> 这样一种抽象玄虚、似乎已是历经沧桑的命运感，我们在当时只有十八、九岁的王琦瑶的精神、性格与经历中，找不到一丝一毫的现实依据，完全由作家强加给了人物。[1]

令人费解的是，王琦瑶的父母也迫不及待盼李主任。

> 这几日，家里人待王琦瑶都是有几分小心的，想问又不好

---

[1] 何言宏：王安忆的精神局限。

问。……每天总是好菜好饭地招待（她），还得受些气的。做母亲的从早就站到窗口，望那汽车，又是盼又是怕，电话铃也是又盼又怕。全家人都是数着天数度日的，只是谁也不对谁说。

王琦瑶家既属小康，应无衣食之忧，她父母却不珍惜自己的女儿，竟喜不自禁让女儿当"贵人"的"四奶"。作者也知道这样有悖情理，勉强解释："上海弄堂里的父母都是开明的父母，尤其是像王琦瑶这样的女儿，是由不得也由她"的。民国时期上海的开明，应该是自由婚恋，哪有把被人包养称为"开明"的？

"李主任将她安置在爱丽丝公寓之后，曾与她共同生活过半个月。"此后"李主任便是来也匆匆，去也匆匆，有时过一夜，有时只有半天。"这就是王琦瑶和李主任的全部生涯，还没跟李主任混进"上流社会"，李主任就飞机失事猝死了。然而，王安忆凭此给王琦瑶套上了"上流社会淑媛"的光环。

尽管如此，王琦瑶此后的一言一行都是对这个名号的糟蹋。

从一九五七年开始，王琦瑶热衷邀请严师母、康明逊、萨沙来打牌喝下午茶。不久，她和康明逊有私情怀上了孩子，为遮掩康明逊，又主动与萨沙交媾，让他李代桃僵。

到一九八〇年代，年近六十的王琦瑶以民国范儿混迹于一批时髦青年，还被二十六岁的"老克腊"爱上。老克腊经常去王琦瑶家吃饭。有一次，王琦瑶一边对老克腊说："你真是个孩子！"一边引诱地"伸手抚了下他的头发"，两人由此开始了媾合。后来老克腊嫌她年老色衰要离开她，她却倒过来缠着他不放。

纵观王琦瑶的情爱故事，哪有"上流社会淑媛"的端庄雅洁？

再看王琦瑶身为母亲的表现。

王琦瑶只有一个私生女薇薇，母女俩却啥事都不对付。薇薇谈了男朋友小林，如今,王琦瑶对小林比对薇薇更信得过,有事多是和他商量,也向他拿主意。

难怪薇薇吃醋,不满地对小林说:

你和我妈倒有话说。小林说:这有什么不好吗?薇薇说:不好!就不好!

王琦瑶决定和薇薇及小林三人一起去杭州旅游,

临走前,趁薇薇去上班,(王琦瑶)把小林叫到家里,交给他一块金条,让他到外滩中国银行去兑钱,并嘱他不要告诉薇薇。

王琦瑶的举措颠覆人之常情,居然信任女儿男友胜过女儿?不过,读者还在纳闷,她已经翻脸了。旅游期间,有次薇薇和小林没叫王琦瑶一起外出,她立即当着小林的面"冷笑"着对薇薇说:

你不要以为你有男人了,就可以不把别人放在眼睛里,你以为男人就靠得住?将来你在男人那里吃了亏,还是要跑回娘家来,你可以不相信我这句话,可是你要记住。

到此,似乎还不够热闹,他们还"乱伦"起来:

小林看出这场口角的危险,便过去拉薇薇走,薇薇打开小林的手:你总是帮她,她是你什么人!话没落音,脸上就挨了

> 王琦瑶一个嘴巴。薇薇到底是只敢还口不敢还手，气急之下，也只有哭这一条路了。小林则往外拉她，她一边哭一边还说：你们联合起来对付我！……停了一会儿，薇薇将他的脸扳过来，问道：你和她好还是和我好？

这番妇姑勃豀不堪入目，母亲不像母亲，女儿不像女儿，彼此上演起争风吃醋的戏码。

小林要去美国留学，薇薇问王琦瑶要去一枚嵌宝戒指，

> 王琦瑶几乎要落下泪来：薇薇你真是瞎了眼，嫁给这种男人！

> 待男人太好，不会有好结果。

毫无原由极度信任小林的王琦瑶，又毫无原由地极度仇视他，完全是喜怒无常的家庭妇女嘴脸，哪里有"上流社会淑媛"的气度？再说，女儿身上都有母亲的影子，"上流社会淑媛"的独生女会是薇薇的样子吗？

这就是王安忆荒腔走板"导演"出来的王琦瑶，把她不熟悉的"上流社会淑媛"演得支离破碎。

其实，不用我费笔墨挑刺戳穿，作品自身也否定了王琦瑶的"上流社会淑媛"身份。

王琦瑶住进了爱丽丝公寓：

> 这样的公寓还有一个别称，就叫做"交际花公寓"。"交际花"是唯有这城市才有的生涯，它在良娼之间，也在妻妾之间，它其实是最不拘形式，不重名只重实。

言下之意，王琦瑶只是介于良娼的"交际花"，尽管王琦瑶的表现连交际花也算不上，但交际花也不配称"淑媛"的。

蒋丽莉的母亲得知王琦瑶住进爱丽丝公寓后说：

> 这样出身的女孩子，不见世面还好；见过世面的就只有走这条路了。

蒋丽莉遗憾地想：

> 王琦瑶是受过教育的，平时言谈里也很有主见，怎么会走这样的路，是自我的毁灭啊！"

王琦瑶自己也对蒋丽莉坦承：

> 我知道你心里在想什么，我还知道你母亲心里在想什么，你母亲一定会想你父亲在重庆的那个（外室）家，是拿我去作比的。……在你的位置当然是不好说，是要照顾我的面子，那么就让我来说。

王琦瑶对吴佩珍坦承：

> 我是妻不妻，妾不妾，只有你，嫁得如意郎君。

后来王琦瑶和康明逊偷情生了私生子，程先生来帮忙照顾，严师母见了，"不清楚究竟发生了怎样的事，但自视对王琦瑶一路的女人很了解，并不大惊小怪。"

（王琦瑶）的腹部一日一日地显山显水，都看在了平安里的眼中。平安里也是蛮开通的，而且经验丰富，它将王琦瑶归进了那类女人，好奇心便得到了解释。这类女人，大约每一条平安里平均都有一个，她们本应当集中在"爱丽丝"的公寓里，因时代变迁，才成了散兵游勇。有时，平安里的柴米夫妻为些日常小事吵起来，那女的会说：我不如去做三十九号里的王琦瑶呢！男的就嘲笑道：你去做呀，你有那本事吗？女的便哑然。也有时是反过来，那男的先说：你看你，你再看三十九号里的王琦瑶！那女的则说：你养得起吗？你养得起我就做得起！男的也哑然。

平安里的邻居们也把王琦瑶归为有卖身嫌疑的那类女人，而不是受人艳羡的"上流社会淑女"。

从以上描述看，王琦瑶到底是啥身份，王安忆本人都定不下来。称她为"沪上淑媛"时，说她"不是倾国倾城的交际花"；让她住进爱丽丝公寓时，她又"成"了交际花；后面又说，"在严师母眼里，王琦瑶不是个做舞女出身的，也是当年的交际花"；还通过蒋丽莉母女及平安里的邻居之口，甚至王琦瑶本人的说法，差不多把她视为半个妓女（所谓良娼之间，（那）一路的女人，那类女人）；而在康明逊嘴上王琦瑶是"上流社会"的，此后又让她俨然以"上流社会淑媛"的面貌行事。

因此，唯一可确定的是，身份混乱的王琦瑶绝不是货真价实的"上流社会淑媛"，而只能是评论家徐秀明一针见血点出的：

王琦瑶始终是个有形无神、莫名其妙的木头美人。没办法，这位'沪上淑媛'属于市井的老上海，与王安忆童年进驻的红色新上海距离太远，实在难以把握。[1]

也如评论家何言宏所说：

> 王琦瑶是一个抽象的人。她是一位了无生气的用来展示作家"上海想像"的模特、道具或符号。在王琦瑶的人生经历中，她的命运变化没有基本的性格逻辑和现实依据，更看不到她在命运关头丰富复杂的内心世界。
>
> （王琦瑶是）一个不折不扣的概念化的"扁平人物"。[2]

王琦瑶既然是王安忆的"'上海想像'的模特、道具或符号，"就难免成为"木头美人""扁平人物"。最后，王琦瑶不得善终，既非时代和社会所害，也非人物性格所致，也就打动不了读者，更谈不上引发读者深思。若依上海正经市民的口吻，只能这样概括王琦瑶的悲剧：一个老不正经的女人，整天和一伙不三不四的小青年鬼混，结果因露富而命丧一个劫财的小流氓。

至于王琦瑶的个性也是随意涂抹前后不一。她在最能吃的少女时，"只吃猫似的一口（这句话也是令人费解的病句）"成年后不但擅长厨艺，还是精于饕餮的半个美食家。

这就是支撑《长恨歌》全剧的主角，"演不像""上流社会淑媛"的王琦瑶。

---

1 徐秀明：文化冲突与叙事错位——由《长恨歌》谈王安忆的小说美学及其创作转向。
2 何言宏：王安忆的精神局限。

二 没有自我的配角

一部上乘的长篇小说，主角和配角之间只有主次之分，没有重轻（可有可无）之别，配角不应只当绿叶做花朵（主角）的托儿，而应像日本的一瓷罐插花，一花一叶一梗一茎，互相穿插映衬方显和谐之美。配角不仅烘衬主角还要凸显自己的性格和存在价值，也是完成小说主题不可或缺的一部分。众所周知的《红楼梦》不去说了，其中任何一个主要配角，比如晴雯、尤三姐等人都能独自成剧。再看外国名著，巴尔扎克的《贝姨》《高老头》《欧也妮·葛朗台》，托尔斯泰的《安娜·卡列尼娜》，哈代的《苔丝》等小说，不仅被冠名的主角个性卓尔不群，其中的配角也都让人过目不忘。对照一下，《长恨歌》中的主要配角如何呢？我们一个个说道。

王琦瑶的第一个朋友是中学同学吴佩珍。吴佩珍长得有点丑，漂亮的王琦瑶因同情而施与慷慨，两人成了贴心朋友。吴佩珍回报王琦瑶的好意，一心想讨好她，所以要带她去表哥工作的电影制片厂游玩，她"将片厂当作一件礼物一样献给王琦瑶。"吴佩珍第一次请王琦瑶去，王琦瑶故意搭架子说有事。

等王琦瑶最终拗不过她，答应换个日子再去的时候，吴佩珍便像又受了一次恩，欢天喜地去找表哥改日子。

王琦瑶好像为照顾吴佩珍才去片厂的，弄得吴佩珍"满心里都是对王琦瑶的感激，觉得她是太给自己面子了。"

以后她俩常去片厂玩，王琦瑶被导演相中让她去试镜，"吴佩珍自然是雀跃,浮想连翩,转眼间,已经在策划为王琦瑶开记者招待会了。"王琦瑶试镜扮新娘失败,伤了自尊便不再去片厂,又因吴佩珍窥伺了她的底细,开始躲避吴佩珍。

吴佩珍感觉到王琦瑶的回避,不由黯然神伤。但她却并不丧失信心,她觉得无论过多少日子,王琦瑶终究会回到她的身边。她的友情化成虔诚的等待,她甚至没有去交新的女朋友,因不愿让别人侵占王琦瑶的位置。她还隐约体会到王琦瑶回避的原委,似乎是与那次失败的试镜头有关,她也不再去片厂了,甚至与表哥断了来往。

然而,吴佩珍没能挽回和王琦瑶的关系,两个闺蜜如今是比陌生人还要疏远,陌生人是不必互相躲的,她们却都有些躲。有王琦瑶照片的照相馆,吴佩珍也是要绕道行的,连照片上的王琦瑶也不愿见了。

一九四〇年代,大众最时兴的娱乐是看电影,与之相伴少不了关注明星的逸事绯闻。少女吴佩珍正处追新逐奇的年龄,有个表哥带她去看拍电影,还可能见到倾慕的明星,应该兴奋难耐。然而,吴佩珍却为王琦瑶而去,王琦瑶去不去片厂比她自己游玩还重要,王琦瑶愿去就是给她赏光。

为反衬王琦瑶的美和自恃娇宠,摆出一个丑而自卑的吴佩珍,却罔顾女孩应有的正常心理,让她自卑到"贱骨头"的地步,这就是她在小说中的全部价值?!

填充吴佩珍位子的是蒋丽莉,她出身工厂主家庭,家里排场很大,却从不带同学去玩,唯独对远比她漂亮的王琦瑶例外,邀王参加自己的生日派对。

然而,蒋丽莉在派对上的表现却十分怪异。

蒋丽莉一个人坐在客厅的一角,有一句没一句地弹钢琴,穿的还是平常的衣服,脸上是漠不关心的表情,好像是别人的生日。

王琦瑶想劝蒋丽莉下楼去了,却发现她原来在哭,眼泪从镜片后面流了满脸。她说你怎么了,蒋丽莉,今天是你的生日,你唱主角的日子,怎么不高兴了。蒋丽莉的眼泪更汹涌了,她摇着头连连地说:"你不知道,王琦瑶,你不知道。"王琦瑶就说:"那你告诉我,我不知道的是什么。"蒋丽莉却不说,还是哭和摇头,带了些撒娇的意思。王琦瑶有一点不耐,但只得忍着,还是劝她下楼,她则越发的不肯下楼。最后王琦瑶一转身,自己下去了,走到一半,听见身后有脚步声,却见蒋丽莉一脸泪痕的也跟下来了。……她回头对蒋丽莉说,你不换衣服不化妆,至少要洗洗脸吧!……蒋丽莉听话地去了洗手间,再出来时脸色便干净了一些。

客人离开时,

蒋丽莉也不理别人,只对了王琦瑶一个人致告别词,她说她把这个生日当作她们两人共同的,说罢就松开她手,揪心的表情一般转身上了楼。

一个十五、六岁的女孩,请亲友参加自己生日宴,不是梳妆打扮高高兴兴迎客,而是忧忧郁郁哭哭啼啼。王琦瑶问她为啥?她矫揉造作地没交代,看得人满怀疑窦却不得其解,唯一的答案是没来由的滥情。

上海举行评选"上海小姐"活动,蒋丽莉不仅撺掇王琦瑶去竞选,还比王琦瑶本人起劲。

> 蒋丽莉就好比是自己参加竞选,事未开头,就已经忙开了。连她母亲都被动员起来,说要为王琦瑶做一身旗袍,决赛的那日穿。

不仅蒋丽莉把王琦瑶的竞选当自己的事,蒋母也跟着起劲,起劲到请裁缝上门为王琦瑶做参赛的服装。

> 裁缝进门就再没离去过,三餐一宿地侍奉,好比贵客,同时又是伙计,是有几个师傅监工的。程先生自然是为首,蒋丽莉算一个,她母亲也算一个。

女儿的同学参加选美,自己的女儿却不够格,作为母亲,即使不心生妒意,也难免羡慕泛酸。然而,蒋母如同自己女儿去竞选,居然请裁缝上门为王琦瑶裁制服装!

可惜,好景不长。蒋丽莉和王琦瑶因程先生互妒生隙,王琦瑶只得离开蒋家。

> 蒋家母女都没有出来送她,一个借故去大学注册,一个借故头痛,这使王琦瑶的走带了点落荒而逃的意思。

蒋家母女对王琦瑶的极端前恭后倨,反差如此之大,思维正常的读者跟不上转弯。

蒋丽莉因失恋于程先生而自暴自弃。她中断上大学去纱厂做工人，因有文化追求进步当上工会干部，还跟来自山东的纱厂军代表结了婚。她怨恨自己的剥削阶级家庭，为表革命忠诚和娘家断绝联系，却也不爱自己建立的革命家庭，忌厌丈夫的大蒜味，连带着嫌弃三个孩子。

蒋丽莉自己那三个都是男孩，就好像老张的缩版，说着半生不熟的普通话，身上永远散发出葱蒜和脚臭的气味。他们举止莽撞，言语粗鲁，肮脏邋遢，不是吵就是打。她看见他们就生厌，除了对他们叫嚷，再没什么话说。他们既不怕她也不喜欢她，只和父亲亲热。傍晚时分，三个人大牵小，小牵大，站在弄堂口，眼巴巴地看着天一点点黑下来，然后父亲的身影在暮色中出现，于是雀跃着迎上前去。最终是肩上骑一个，怀里抱一个，手上再扯一个地回家。而这时，蒋丽莉已经一个人吃完饭，躺在床上看报纸，这边闹翻天也与她无关的。

这一边，有丈夫和三个孩子的蒋丽莉，把自己的日子过成单身妇，即使她能忍受，她丈夫也能忍受？那一边，她视母亲如仇敌，患重病生命垂危时仍然不改绝情。

母亲来探望重病的蒋丽莉，看不惯她家的脏乱，要帮"蒋丽莉换床单被褥，洗澡洗头，一切重新来起的架势。"

蒋丽莉连反驳（母亲建议）的耐心都没了，一下子将床头灯摔了出去。外屋的山东婆婆听见动静斗了胆闯进门，屋里已经一团糟。水瓶碎了，药也洒了，那蒋丽莉的母亲煞白了脸，还当她是个好人似地与她论理。蒋丽莉只是摔东西，手边的东西摔完了，就摔枕头被子。

生性做作的蒋丽莉"变得越来越不像自己，有点像演戏，却是拿整个生活作剧情的。"把社会当舞台演出自己的人生，看似脉络清晰，但经不起推敲。她若表演给人看，应该有恨也有爱，要表现坚定革命与娘家绝缘，即使假装也要爱丈夫维护革命家庭。何况，孩子是她一个一个生出来的，只要没失去理智，挚爱孩子是母性的本能，哪有连无辜孩子都一起恨的。她贱蔑孩子们跟丈夫学的"说话粗鲁，举止莽撞"，那么作为母亲怎么没教给孩子斯文稳重？中国人骂一个坏孩子会说"有父母生，没父母教"，蒋丽莉嘲詈孩子无教养不是嘲詈自己？

近乎癫狂起落"演绎"人生的蒋丽莉，好似给孩童看的漫画人物，成人观之瞠惑不已。所以，尽管作者"安排"她早夭，但即便在病中她的表现也十分古怪，让读者再用力也给不出一掬同情。

蒋丽莉爱上的程先生是洋行职员。他梳分头，戴金丝边眼镜，三件头的西装，皮鞋豁亮，英文地道，好莱坞明星如数家珍。他迷过留声机，迷过打网球，也迷过好莱坞，如今酷爱玩照相，是上海滩的时髦青年。然而，西洋派头的程先生却不如王琦瑶的小市民父母"开明"，王琦瑶父母坦然乐见豆蔻年华的女儿当"四奶"，二十六岁的程先生却十分老派守旧。他恋上王琦瑶却不敢和她单独约会，竟邀王琦瑶和她的好友蒋丽莉三人一起去看电影。蒋丽莉坐在中间，程先生和王琦瑶坐在她的两边，程先生和王琦瑶的谈话都由蒋丽莉传递，由此开启他们怪诞不经的"三角恋爱"。

"他们三个几乎隔日一见，见面就有说不完的话。等到王琦瑶住进蒋丽莉家，程先生开始上门来，"蒋丽莉爱上了程先生，连蒋丽莉的母亲都有几分欢喜，"以往大事小事都是问王琦瑶，如今则是问程先生了。"然而，程先生依然把蒋丽莉当自己与王琦瑶的桥梁，让蒋丽莉的爱陷于无望。王琦瑶不爱程先生又见不得他对蒋丽莉好，蒋丽莉弹钢琴，程先生在钢琴边站了一会儿，她就醋意大发，"三人恋爱"不欢而散。

王琦瑶瞒着程先生住进爱丽丝公寓，

> 程先生找她，家里人推说去苏州外婆家了，问什么时候回来，回答说不定。程先生甚至去了一次苏州。白兰花开的季节，满城的花香，每一扇白兰花树下的门里，似乎都有着王琦瑶的身影，结果又都不是。……从苏州回来后，他再也不去找王琦瑶，心像死了似的。……这一年，他已是二十九岁了，孤身一人。

此后，程先生忘不了王琦瑶，为她独守单身。十二年后，程先生与怀孕的王琦瑶"突然"在路上邂逅。程先生明知王琦瑶怀上的是与人乱性的"野种"，依然毫不避讳深情款款地爱她，而且不带一点"性念"的痴情。

> 程先生把他工资的大半交给王琦瑶作膳食费，自己只留下理发钱和在公司吃午饭的饭菜票钱。他每天下了班就往王琦瑶这里来，两人一起动手切菜淘米烧晚饭。程先生每天晚上陪伴王琦瑶，安顿好王琦瑶休息后再晚也要回家。有几回，王琦瑶朦胧中觉着他是立在自己的床边，心里忐忑着，想他会不走，可他立了一会儿，还是走了。

程先生照看王琦瑶生下女儿后走了。临了，明知蒋丽莉一直吃王琦瑶的醋，还托她去照顾王琦瑶，被蒋丽莉没好气地咒到：

天下女人原来真就死光了，连我一同都死光的。

程先生被作者召之即来挥之即去。他对王琦瑶从一而终，不问孩子的爹是谁？也不生半点妒意，甚至不惧空担私生女之父的名声。

那年月，有一个私生子就是罪孽！程先生再大度包容，社会也不允许啊！不知如此超越时代的"情种"是怎么让王安忆找到的？

资本家老婆严师母是王琦瑶的邻居。她三十七、八岁年纪，住在平安里弄底独门独户的一幢楼，她看不上平安里的平（贫）民，进进出出不和人交往，这倒符合一般资本家老婆的做派。但却

> 第一眼见王琦瑶，心中便暗暗惊讶，她想，这女人定是有些来历。王琦瑶一举一动，一衣一食，都在告诉她隐情，这隐情是繁华场上的。她只这一眼就把王琦瑶视作了可亲可近。……于是，王琦瑶家便成了好去处，天天都要点个卯的，有时竟连饭也在这里陪王琦瑶吃。王琦瑶要去炒两个菜，她则死命拦着不放，说是有啥吃啥。她们常常是吃泡饭，黄泥螺下饭。

上海许多平（贫）民早餐用黄泥螺、腐乳等下泡饭，看不起平（贫）民的严师母竟如此将就，与王琦瑶黄泥螺下泡饭当午餐？！接下来的事更出格了。

> 严家第二个孩子出疹子。这孩子已经读小学三年级，早已过了出疹子的年龄，那疹子是越晚出声势越大，所以高烧几日不退，浑身都红肿着。这严家师母也不知怎么，从没有出过疹子，所以怕传染，不能接触小孩，只得请了王琦瑶来照顾。……于是，她俩就像在严先生卧室开了诊所似的，圆桌上成日价点

一盏酒精灯，煮着针盒。孩子睡在三楼，专门辟出一个房间做病室。王琦瑶过一个钟头上去看一回，或打针或送药，其余时间便和严家师母坐着说闲话。午饭和下午的点心都是张妈送上楼来。说是孩子出疹子，倒像是她们俩过年，其乐融融的。

儿子出疹发高烧，严师母不带孩子去医院，居然放心让学了三个月打针的王琦瑶照看，连护士资质都没有的人怎么看护病人？不仅如此，严师母表舅的儿子康明逊来探望病人，一连三天，三个人镇日喝茶聊天打牌，看病人变成了聚会游玩。一个母亲，又是资本家太太，居然如此宽心，守着自己的病孩其乐融融过年似的玩？

此后，他们三人再加一个莎萨，转移到王琦瑶家，每周几次喝茶打牌搓麻将。严师母竟放着丈夫和三个未成年孩子不管，整日与三个未成家的青年男女一起玩，还常玩到夜深。

严师母是过来人，热情引介康明逊和王琦瑶黏在一起，却不懂会有君子好逑那档事。直到莎萨拿康明逊和王琦瑶打趣，她才省悟过来，对康明逊说：

你是聪明人，我也不多说，我只告诉你一声，如今大家闲来无事，在一起做伴玩玩，伴也是玩的伴，切不可有别的心。……你保证你没有别的心，却不能保证旁人没有。……你在表姐我这里玩，要出了事情我怎么向你爹爹姆妈交代。

王琦瑶有身孕了，她方才明白，自己无意中做了牵线搭桥的角色，便局外人似地咎责康明逊：不听提醒，自找苦吃。她还心里怨怼王琦瑶，

康明逊不知你是谁，你也不知道你是谁吗？在严师母眼里，

王琦瑶不是个做舞女出身的，也是当年的交际花，世道变了，不得不规避起来。严师母原是想和她做个怀旧的朋友，可她却怀着觊觎之心，严师母便有上当被利用的感觉。

严师母先前因王琦瑶是舞女或交际花一类人，才高看她一眼乐意与之交往，如今又以此鄙视她；明明是她把康明逊引到王琦瑶身边，倒过来责怪王琦瑶觊觎康明逊，不是自打嘴巴？

严师母成了又一个首尾乖互的人。

严师母表弟康明逊，因是小老婆生的而怯懦怕事，在家里左右逢源和稀泥，甚至为搞平衡故意疏远亲生母亲。

这样一个猥琐男却大胆与王琦瑶私通，然而大胆又不敢大胆到底，待王琦瑶怀孕了就滑脚溜之大吉。倘若康明逊对王琦瑶真有情，是负责任的男人，按他当时身处的景况，明媒正娶远比偷情压力小。尽管王琦瑶门不当户不对康明逊的资本家家庭，但在他眼中是"上流社会"的，两人并无不可跨越的障碍。相反，摊上乱搞男女关系（"搞腐化"）的罪名，不仅个人的婚姻生活就此完结，弄不好戴上坏分子帽子被送去劳改，康明逊难道不懂？

当然，作者要让王琦瑶把复杂缱绻的情爱生活"演"下去，康明逊的行为就顺理成章了。

萨沙是康明逊拉来的牌友。

白净的面孔，尖下巴，戴一副浅色边的学生眼镜，细瘦的身体，头发有些发黄，眼睛则有些发蓝，二十岁出头的年纪。

父亲是个大干部，从延安派往苏联学习，和一个苏联女人结了婚，生下他。……后来，他父亲牺牲了，母亲回了苏联，他从小在上海的祖母家生活，因为身体不好，没有考大学，一直待在家里。

萨沙的父亲牺牲了，一九四九年后就是革命烈士，他就是烈士子女，国家给予烈士家属的待遇应相当优惠。即使往他母亲那边靠，跟她父亲结婚的至少是苏共党员，当时苏联是老大哥，萨沙得到的待遇也不会差。然而，书中的萨沙"没工作，又爱玩，拿了烈属抚恤金，不够他打台球的。"过着居无定所食无定餐的生活。他对王琦瑶说：

像我这样的人，从来就是过着打家劫舍似的生活。……我是个没有家的人，你看我从早到晚地奔来忙去，有几百个要去的地方似的，其实就是因为没有家，我总是心不定，哪里都坐不长，坐在哪里都是火燎屁股，一会儿就站起要走的。

以致大家"心里不免要把萨沙看轻，想他可算得上半个瘪三的。"王琦瑶利用萨沙"没父没母，没个约束，又是革命后代的身份，再大个麻烦，也能吃下的"背景，引诱萨沙与她媾合，让他背私生子父亲的黑锅。"革命后代的身份"是魔方，要它无用时，连萨沙的一日三餐都不能保证；要它有用时，可保萨沙"犯过"而无事。

萨沙对这事的态度是：

他知道王琦瑶欺他，心里有恨，又有可怜。他有气没地方出，心里憋得难受。……眼前老有着王琦瑶的面影，浮肿的，有孕斑，还有泪痕。萨沙知道这泪痕里全是算计他的坏主意，却还是可怜她。他眼里含了一包泪，压抑得要命。

一个稍有自尊的男青年,最不能忍受在爱情上受人欺骗,而且是被自己朋友"抛弃"的女人,好胜心也不允许他任这样的女人作弄,最多为情欲与她逢场作戏,萨沙却"心胸宽广"地发自内心地怜爱她。

最后,萨沙突然被他的阿姨唤回苏联,他当王琦瑶临时"拉郎配"的任务完成了,王琦瑶私生子的"罪孽"就不了了之了。作者煞费苦心地设局,看似无懈可击却糊弄不了大陆的过来人。那时,真有王琦瑶那样乱搞男女关系的,一旦怀上私生子,男人在,她罪名还小些,男人溜了,她的罪责更大。

萨沙有个俄罗斯女朋友。

在萨沙带来苏联面包之后,他带来了那个做面包的苏联女人。她穿一件方格呢大衣,脚下是翻毛矮靴,头发梳在脑后,挽一个合,蓝眼白肤,简直像从电影银幕走下来的女主角。她那么高大和光艳,王琦瑶的房间立时显得又小又暗淡。萨沙在她身边,被她搂着肩膀,就像她的儿子。萨沙看她的目光,媚得像猫眼,她看萨沙,则带着些痴迷,萨沙帮她脱下大衣,露出被毛衣裹紧的胸脯,两座小山似的。两人挨着坐下,这时便看见她脸上粗大的毛孔和脖子上的鸡皮疙瘩。她说着生硬的普通话,发音和表达都很古怪,引得(王琦瑶)他们好笑。每当她将大家逗笑,萨沙的眼睛就在每个人的脸上扫一遍,很得意的样子。……她胃口很好,在茶里放糖,一碗接一碗。桂花赤豆粥,也是一碗接一碗。桌上的芝麻糖和金桔饼,则是一块接一块。脸上的毛孔渐渐红了,眼睛也亮了起来,话也多了,做着许多可笑的表情。他们越笑,她越来劲,显见得是人来疯,最后竟跳了一段舞,在桌椅间碰撞着。他们乐不可支,笑弯了腰。萨沙拍着手为她打拍子,她舞到萨沙跟前,便与他拥抱,热烈得如入无人之境。他们便偏过了头,吃吃地笑。闹到天黑,她还不想走,赖在椅子上,吃那碟子里芝麻糖的碎屑,舔着手指头,眼睛里流露出贪馋的粗鲁的光。后来是被萨沙硬拉走的。两人搂抱着下楼,苏联女人的笑声满弄堂都能听见。

读这段"绘声绘色"的文字,一个俄罗斯姑娘"活龙活现"在眼前。然而,真正熟悉西洋人的看了,只能不客气地说,这是向壁画出的卡通人物。

首先,白人年轻姑娘汗毛孔可能会粗一点,但绝不会"脖子上(有)的鸡皮疙瘩",那是有些七、八十岁的白人老年女性才有的。其次,西洋人的饮食习惯和中国人绝然不同,吃罗宋硬棍子面包长大的苏联人,不会喜欢吃粘稠软糯的食物。淮海路上著名的哈尔滨食品厂,是正宗俄式面包店,为适合中国人的口味,也只得把多种俄式硬面包改良得蓬松软绵,显见俄国人的饮食习惯与中国人的截然不同。所以,苏联姑娘出于礼貌可能尝一口"桂花赤豆粥",但绝不可能"一碗接一碗"地吃。说苏联姑娘"一碗接一碗"吃"桂花赤豆粥",好比说中国人(哪怕是生活在欧美的移民)一块接一块地吃奶酪。

再说,当时苏联无论生活水平还是文明程度都高于中国,苏联姑娘住在打蜡地板的高级公寓,而不是落魄在上海街头的流浪女。她第一次到陌生的中国人家里,竟饥不择食到芝麻糖屑都舔,还像刘姥姥进大观园疯疯癫癫地又唱又跳,被王琦瑶严师母们当成小丑和笑料。当年,不知哪个上海人见过这样的苏联姑娘?

再看萨沙去苏联姑娘家的情景:

他走进女友住的大楼,正是打蜡的日子,楼里充斥了蜡的气味。……女友见萨沙来,高兴得一下子将他抱起,一直抱到房间的中央才放下,然后退后几步,说要好好看看萨沙。萨沙站在一大片光亮的地板上,人显得格外小,有点像玩偶。女友让他站着别动,自己则围着他跳起舞,哼着她们国家的歌曲。萨沙被她转得有些头晕,还有些不耐烦,就笑着叫她停下,自己走到沙发上去躺下,忽觉着身心疲惫,眼都睁不开了。他闭着眼睛,感觉到有阳光照在脸上,也是有些疲累的暖意。还感觉到她的摸索的手指,他顾不上回应她,转瞬间沉入了睡乡。

这里萨沙像回到自家,苏联姑娘对他也表现出恋人才有的亲热劲。然而,接下来的一幕让人张口结舌:

  等他醒来,房间里已黑了,走廊里亮着灯,厨房里传来红菜汤的洋葱味,油腻腻的香。女友和她丈夫在说话,声音压得很轻,怕吵了他。

从萨沙和苏联姑娘出场起,两人一直亲亲热热,适才还在姑娘家搂搂抱抱,读者谁不以为姑娘是萨沙的女友,最后突然冒出一个丈夫来,还有比这更无厘头的吗?

老年的王琦瑶和老克腊的"热恋"是一场重头戏。所谓老克腊,就是怀旧,怀恋老上海风情的人,他"弹了一手好吉他,西班牙式的,家里存有上百张爵士乐的唱片。"撞上王琦瑶这个民国"上海小姐",正合老克腊所向往的情调,于是恋上了她。

当王琦瑶试探着说,我做的菜"比你妈妈的如何?"老克腊说,"我从来不拿你和我妈妈比。……因为你是没有年龄的。"也就是向王琦瑶表白,尽管他俩年龄相差三十岁,他不在乎。老克腊甚至

心酸地

> 看到王琦瑶，再是显年轻也遮不住浮肿的眼睑，细密的皱纹。他想，时间怎么这般无情？怜惜之情油然生起。他抬起手摸摸王琦瑶的头发，像个年长的朋友似的。

读到这里，读者无法不联想到杜拉斯和她的年轻情人，并充满了对王琦瑶和老克腊也来一场感天动地老少恋的期待。

然而，两人仅仅做爱几次，老克腊就开始不耐王琦瑶了，他"看见她枕头上染发水的污迹，情绪低落了。房间里有一股隔宿的腐气，也是叫人意气消沉。"老克腊准备逃离了，王琦瑶想抓住他，"取出一个雕花木盒，转身放在了他面前。……她说这么多年来，她明白什么都靠不住，唯独这才靠得住。"她说"她不会叫他拖几年的，她只是想叫他陪陪她，陪也不会陪多久的……她一边说一边将那雕花木盒往他跟前推……"老克腊"用力挣脱了走出"王琦瑶的家。

老克腊看到王琦瑶"浮肿的眼睑，细密的皱纹"，依然恋上她，跟她上床，可没多久，"看见她枕头上染发水的污迹，情绪低落了"，就忍受不了了。老克腊行为的变化之突兀毫无原由。读者期待的老少精神恋爱没出现，连真正的肉欲都不纯洁，最后演成肉体交易的可笑场景，王琦瑶愿意倾其所有买老克腊的青春。

书中的总结更让人哑然。"老克腊再是崇尚四十年前，心还是一颗现在的心。"老克腊不是以现代的年轻人，有着一颗怀旧、古典的心上场的么？到头来怎么又倒过来自我推翻了！

最后再说送王琦瑶去黄泉的"长脚"了。

长脚是张永红的男朋友。他出身贫民窟，拿了长病假混社会，最大的享受就是装大亨的儿子，弄点钱都挥霍在他人身上，以此摆阔争面子。为维持大手大脚的花费，他从换外币赚差价之类的活，做到以一块美元充二十骗钱之类偷鸡摸狗的营生。

张永红把长脚引到王琦瑶家，王琦瑶看着长脚，对他不无怀疑，

> 世上凡是自己的钱，都不会这样花法，有名堂地来，就必要有名堂地去，如长脚这样漫天挥洒，天晓得是谁的钱！

尽管如此怀疑，她还是来者不拒，热情招待长脚。直到长脚自己进门偷她的贵重盒子时才

> 咬着牙骂道：瘪三，你这个瘪三！你以为我看不出你的底细？不过是不拆穿你罢了！长脚这才收敛起心头的得意，那只手将盒子放下来，却按住了王琦瑶的颈项。他说：你再骂一声！瘪三！王琦瑶骂道。

王琦瑶就此一命呜呼了！

既然早就看出长脚的底细，你可以不拆穿，但绝不该引狼入室继续一起吃喝玩乐啊！读到这样的结局，读者除了说自作自受，咎由自取，还能说什么？

这些就是《长恨歌》中的配角，他们的言行出乎读者的意料，却都在情理之外，都是配合王琦瑶表演的道具。正如评论家苍狼在《阳光和玫瑰花的敌人》一文所说，王琦瑶与配角们

> 宛如一场游戏一场梦，李主任也好，康明逊也好，莎萨也好，长脚也好，老克腊也好，都是游戏和肉欲的结果。……王琦瑶无肝无肺，无情无义，稀里糊涂地（与他们）上床，无缘

无故地做爱。叙述的语言表面上细腻,其实是白头宫女说闲话,没有一句生动,没有一个人有灵魂。[1]

读者尤其不能理解更无法原谅的是,每个人都无私地为王琦瑶付出,却不见她有相应互动,更不要说回报。就像蒋丽莉说的,她从小到大都是别人为她做的多,唯有对王琦瑶反过来,是她为王琦瑶做的多,偏偏王琦瑶"最不顾忌她,当她可有可无"。

这就是由"无肝无肺,无情无义"的主角王琦瑶,引领出的一群"一个愿打一个愿挨"毫无真情实感的配角。

---

[1] 苍狼:阳光和玫瑰花的敌人——致王安忆君的一封公开信。

三 乱造场景 胡编情节

然而，比起人物表现的悖情悖理，《长恨歌》的乱造场景胡编情节，按上海人的话说更是"胡天野地"。

先说四九年前王琦瑶父母的家，

> 窗外是对面人家的窗户，一臂之遥的，虽然遮了窗帘，里头的生计也是一目了然的，没有什么意外之笔。

虽然"一臂之遥"是形容，但王琦瑶住在蒋丽莉家的洋房时，想起

> 自己家的夜声，是有名有姓：谁家孩子哭，奶娘哄骂孩子的声；老鼠在地板下赛跑的声，抽水马桶的漏水声。

邻舍间隔墙有耳，说明房子建筑简陋，不是像样的弄堂。但王琦瑶家不仅有电话，还雇佣人，"王琦瑶家的老妈子，有时是睡在楼梯下三角间里，只够放一张床。"那些老妈子"还是和邻家的车夫有什么私情的。"也就是说王家邻居还雇专职车夫。

一九四〇年代的上海，通常是大大小小资本家，拥有洋式或中式独门独院住宅，至少住在高端宽敞的房子，他们才需要（也雇得起）佣人，但他们也不一定雇专职车夫。至于电话，直到一九四九年，上海包括公司等单位用电话统共只有二万四千三百四十线。以我的邻居为例，楼上一家好像是高级妓女的装有电话，隔壁一户牙

医兼住宅的也有电话,而两户住整栋三层楼比利时式洋房的都没用电话。类似王琦瑶住宅的人家,有电话,雇佣人,还有邻居雇私人车夫,近乎天方夜谭。

有关王家的描述也是前言不搭后语:先说王琦瑶家有电话雇佣人,应该是远胜小康的殷实人家;后面又说家里老鼠乱窜佣人住楼梯下,甚至借蒋母的口说王琦瑶"这样出身的女孩子",此言不仅意为王琦瑶的家境不富裕,还说明她生长的环境也很低劣。王琦瑶在爱丽丝公寓招待蒋丽莉时说,"总是我在你家吃饭,今天终于可以请你在我家吃饭了。"也就是说,王琦瑶与蒋丽莉要好到在她家吃住了,却没有在自家招待过她。如果王琦瑶家境不错,作为礼尚往来,怎么也要回请蒋丽莉一次。

这就是"妙笔"生出的函矢自掐的"好戏"。

再说晚会。

自王琦瑶参加了蒋丽莉的生日"晚会之后,晚会便接踵而来。所有的晚会都像有着亲缘关系,盘根错节的。……蒋丽莉本心是讨厌晚会的,可为了和王琦瑶在一起,她牺牲了自己的兴趣。她们俩成为晚会上的一对常客,晚会总看见她们的身影。有那么几次,她们缺席的时候,便到处听见询问她们,她们的名字在客厅里传来传去的。"后来,王琦瑶参加"上海小姐"竞选,"蒋丽莉拖着她,参加一个又一个晚会,就像做巡回展出。"而且,蒋丽莉还在一个远房表姐的婚宴上宣布:程先生要王琦瑶参选"上海小姐"。

晚会多数是高层次成年人的交际场。两个十六岁的女学生,没父母带着,却频频参加各种晚会,两人还成了晚会的主角,她们缺席还引得大家询问打听,好像她俩是啥大明星。按上海人的习惯,蒋丽莉远房表姐结婚,自己去参加婚礼已经勉强了,她竟带上王琦瑶和程先生一起去,还喧宾夺主公布与婚宴无关的王琦瑶的事,完全把私人婚宴当公共集会,有这样不懂规矩的?

> 一个先生两个小姐是一九四六年最通常的恋爱团体，悲剧喜剧就都从中诞生，真理和谬误也从中诞生。马路上树阴斑斓处，一辆三轮车坐了一对小姐，后一辆坐了一个先生，就是这样的故事的起源，它将会走到哪一步，谁也猜不到。

不知哪个老上海人能想象，一九四六年的上海有上述"最通常的恋爱团体"？

再看竞选"上海小姐"，

> 比选举市长还众心所向的事情，市长和他们有什么关系？上海小姐却是过眼的美景，人人有份。那发布消息的报纸一小时内抢光，加印也来不及，天上的云都要剪下来写号外的。

如此比喻颠倒人们的常识——选美不过热闹一时，选举市长却关系到市民的切身利益。迄今世界上各种选美目不暇接，有哪次人们的关注度超过选举自己的市长首相的？

电影导演劝王琦瑶不要参加选美，认为"竞选'上海小姐'其实不过是达官贵人玩弄女性"。王琦瑶振振有词地反驳：

> 竞选"上海小姐"恰恰是女性解放的标志，是给女性社会地位，要说达官贵人玩弄女性，就更不通了，因为也有大亨的女儿参加竞选，难道他们还会亏待自己的女儿不成？

按这样的表白，读者心目中的王琦瑶接下来应该是女性解放的代表，走独立自主的新女性的路。熟料，她最后当了李主任的"四奶"，还是当了达官贵人的玩物。应该是王琦瑶打自己耳光，还是

王安忆自打耳光？李主任

> 走过许多地方，见过各地的女人，北平女人的美是实打实的，可却太满，没有回味的余地；上海女人的美有余味，却又虚了，有点云里雾里，也是贴不住。

看到这些话，自然预想李主任不再找北平和上海女人了，结果找了王琦瑶，仿佛王琦瑶不是上海女人。

作者把大上海无限缩小时说，"王琦瑶住进李主任为她租的爱丽丝公寓，（竟然？）可算是上海滩的一件大事"。话音刚落，她又把上海无限扩大，这样"一件大事"，最爱王琦瑶的前男友程先生却不知道。

> 爱丽丝公寓这地方，蒋丽莉听说过，没到过，心里觉得是个奇异的世界，去那里有点像探险，不知会有什么样的遭际。

蒋丽莉是大资本家女儿，住在花园洋房，经常出入各种晚会和派对，应该见过大世面大排场。爱丽丝再怎么也不过是高级公寓而已，蒋丽莉怎么恓惶不安成乡下人了？

为让王琦瑶避开一九四九年的节点，作者让她跟外婆去邬桥舅公家做客。她在舅公开的酱园店里结识了送豆腐的阿二，两人熟络后，

> 王琦瑶上街买菜，阿二替她挎着篮子；太阳好的天气，王琦瑶把水端在屋外洗头，阿二提了水壶替她冲洗发上的肥皂沫；王琦瑶剥豆，阿二捧着碗接豆；王琦瑶做针线，阿二也要抢来拿针穿线。王琦瑶看他眼睛对在鼻梁上穿针的模样，心里生出

喜欢。这喜欢也很简单，由衷生起，不加考虑的。她情不自禁地伸出手摸摸阿二的头，发是柔顺和凉滑的。她还去刮他架了眼镜的鼻子，鼻子也是凉凉的，小狗似的。这时，阿二便兴奋得眼睛都湿润了。

这番亲昵的场景，旁人看了定以为他们不是一对小夫妻也是一对恋人，然而，他们啥也不是。啥也不是的一对男女，敢在乡村镇上的光天化日下，在老派守旧的外婆、舅公眼皮底下打情骂俏，胡作非为？

王琦瑶在邬桥"探亲"近一年，"转眼间一冬一春过去，莲蓬又要结籽了。"但待了再久也是旅游做客。然而，你看她坐火车回上海，

> 车窗上映出的全是旧人影，一个叠一个。王琦瑶不由地泪流满面。这时，汽笛响了，如裂帛一般。一排雪亮的灯照射窗前，那旧的映像霎那间消遁，火车进站了。"

这样的心境，简直是三十年后下乡知青回上海，完全是无的放矢地煽情。

一九四九年后，王琦瑶离开父母住进了平安里，她的"新奇"故事也拉开了序幕。

> 平安里这样的老弄堂，你惊异它怎么不倒？瓦碎了有三分之一，有些地方加铺了牛毛毡，木头门窗发黑朽烂，满目灰拓拓的颜色。可它却是形散神不散，有一股压抑着的心声。

上海人都知道，这种弄堂属于"七十二家房客"，却难以想象

这种弄堂尽头会有严师母家的高档私宅,她丈夫还坐私人汽车进出,何况是公私合营后的一九五七年,即使此前有私车也充公了。但为把富人严师母和潦倒的王琦瑶捏一起,无法共存的住宅也可以"合并"。

王琦瑶学了三个月打针,就在自住的三楼开打针诊所。且不论没护士资格能否开打针诊所,因为打针甚至推静脉针并不难,难的是发生青霉素过敏之类的副作用怎么办?那是人命关天的事。一个只会打针的人能解救吗?再说,诊所是商业行为,哪有放三楼的?病人多数是老人、孩子或怀抱婴儿的母亲,他们合适爬三楼去打针?

作者的用意是,王琦瑶三天两头招人打牌喝茶,诊所放三楼以示(描写的准确)可避人耳目。其实恰恰相反,住在底层,外人尚可不显眼地溜进溜出,走上三楼则需经过底楼和二楼,还要穿过几家合用的厨房,每天几个男女上上下下能逃过邻居的侧目?且看同为上海作家王小鹰的《长街行》中的描写:上海人家屋子大都逼仄……楼梯间便上上下下靠十家人家合用的灶头间,傍晚时灶头间大戏开场之际,洗菜的剁肉的涮锅的淘米的,手中文武不乱,舌尖还家长里短,一个个赛过大舞台的名角儿。

《长恨歌》就在这样的"大舞台"上旁若无人地上演"吃下午茶、打麻将、偷情"等浪漫剧。

作者还让王琦瑶在这样的住家挂牌打针,可以工作和招待朋友玩乐两不误,还可根据需要改变打针者的预约,有谁听说打针还要预约的?王琦瑶的打针诊所还维持到公私合营五年后的一九六一年?

严家师母是这样结识王琦瑶的。

> 来(打针的)人竟把装扮艳丽的她(严师母)看成是王琦瑶的妹妹,严家师母便兴奋地红了脸,好像孩子得到了大人的

夸奖。"

王琦瑶好坏也是"上海小姐",又比严师母小十多岁,只因素颜竟比严师母还见老?此后,王琦瑶开始与严师母在穿衣、化妆和发型上斗艳比拼。

有一日,严家师母穿了新做的织锦缎镶绲边的短夹袄来到王琦瑶处,王琦瑶正给人推静脉针,穿一件医生样的白长衫,戴了大口罩,只露一双眼睛在外,专心致志的表情。严家师母还没见白长衫里面穿的是啥,就觉着输了,再也支撑不住似的,身心都软了下来。等王琦瑶注射完毕,打发走病人,再回头看严家师母,却见她向隅而泣。

王琦瑶一旦打扮起来,即便戴着口罩也让严师母自惭形秽,"严家师母还没见白长衫里面穿的是啥,就觉着输了,""输"到哭丧起来,简直似学习成绩比不过好朋友的小学生。前后变化之大,犹如哈哈镜中的人物,看得人啼笑皆非。

王安忆在一次访谈中指出,八〇后、九〇后的年轻作家写时尚生活,缺乏一个你的钱哪儿来的清楚交代。

我觉得这个钱从哪里来听起来似乎是很琐碎的一个问题,但是它却意味着你的出身,因为你的钱如果是自己挣来的和爸爸妈妈给你的肯定是你的生活是不一样的,你生活态度也是不一样的,将来你的命运也是不一样的。那么,这就是我们希望小说要做的故事,那就是故事,如果我们大家都是孤立的状态里边,都是钱说来就来的,根本不用交代的,我们都是这么一种生活的话，没有差异，我们哪儿来故事呢？[1]

然而，她忘了自己在《长恨歌》中也光写王琦瑶的用度，却没有交代钱是哪来的？

每回严师母康明逊来，

> 王琦瑶总备好点心，糕饼汤圆，虽简单，却可口可心的样子。

> 本是为聚而吃点心，现在是为点心而聚的。

王琦瑶们一周至少两次喝下午茶。天冷了，

> 在炉子上做出许多文章。烤朝鲜鱼干，烤年糕片，做一个开水锅涮羊肉，下面条。他们上午就来，来了就坐到炉子旁，边闲谈边吃喝。午饭，点心，晚饭都是连成一片的。

那年月，上海绝大多数人家仅一日三餐基本温饱，额外添加点心吃食就奢侈了。王琦瑶因着李主任给的黄货没动，尽管严师母和康明逊分担开销，她每天能打几针？有多少收入维持茶点吃喝？不仅钱，还有粮票问题。一九五五年起，全国实行城镇居民粮食配给制度，上海也不例外。政府按不同年龄、不同职业和工种定量分配粮食，他们如此吃喝的粮票又从哪里来？

再看王琦瑶、严师母、康明逊如何玩耍，

> 他们的白天都是打发过去的，夜晚是悉心过的。他们围了

---

[1] 王安忆：80、90后作家作品太虚幻 毫无根基可言。

炉子猜谜语，讲故事，很多谜语是猜不出谜底的，很多故事没头没尾。……他们在炉边还做着一些简单的游戏，用一根鞋底线系起来挑棚棚。那线棚捆在他们手里传递着，变着花样；最后不是打结便是散了。他们还用头发打一个结，再解开，有的解开，有的折断，还有的越解结越紧。他们有一个九连环，轮流着分来分去，最终也是纠成一团或是撒了一地。他们还有个七巧板，拼过来，拼过去，再怎么千变万化，也跳不出方框。

光读这段"童趣盎然"的话，谁不以为是几个天真孩子在一起嬉戏，哪里会想到是成人，特别是有三个孩子要照顾的严师母，自己变成孩子玩到夜深？！

王琦瑶和康明逊偷情后怀孕了，两人商量如何处置。

他们不敢在家中商量这事情，生怕隔墙有耳，就跑到公园，又怕人认出，便戴了口罩。两人疑神疑鬼，只觉着险象环生。

这里不是王琦瑶康明逊疑神疑鬼，而是作者故弄玄虚地自造紧张。康明逊日夜在王琦瑶家，等于在邻居们的眼皮底下偷情，却煞有介事不敢在家商量怀孕的事，难道在家低声说话比偷情动静还大？相反，上海这么大的城市，他们走在马路上倒像一对正常夫妇，陌生人谁在意你？好好的人戴了大口罩，不是"此地无银"招人注目？

蒋丽莉的家是这样的：

墙壁是用石灰水刷的，白虽白，但深一块浅一块，好像还没干透。地板是房管处定期来打蜡的，上足的蜡上又滴上了水，东一塌西一塌，也是没干透的样子。……已是十月的天气，可几张床上都还挂着蚊帐,家具又简单,所以她家还像集体宿舍。家里用了一个奶妈一个娘姨,两人站在后门口,面和心不和的表情,见有客人来,就随后跟进房间,各站一隅,打量王琦瑶。……蒋丽莉的丈夫老张不在家,墙上连张相片都没有,不知是个什么模样的人。……蒋丽莉送她(王琦瑶)到门口,两个佣人也跟着。

蒋丽莉早年家在杨浦区,后来才换到淮海路上的淮海坊,她丈夫也不是啥大官,家里却有两个佣人,其中一个还是奶妈,四九年后没听说过谁家还常年用着奶妈的。既然用两个佣人,婆婆每半年从山东老家来住一段,帮着照看孩子。全家等于有三个人打杂,然而她家却"还像集体宿舍",三个孩子"身上永远散发出葱蒜和脚臭的气味""肮脏邋遢",常人无法想象那是啥光景?难道佣人是雇来吃干饭的?

蒋丽莉申请入党填履历表,她就去找王琦瑶做中学阶段的证人。加入共产党政审是大事,她去找国民党姘头做证人,不是自找麻烦?

王琦瑶女儿薇薇对母亲

心里有成见,总觉着母亲给她的建议不对头,故意要她难看似的。王琦瑶说什么,她反对什么。

王琦瑶分明出于好心,说这衣服对她太老成,她反而更要穿那衣服,似乎母亲是心怀叵测。

如同所有结成对头的女人那样,她们也是勾心斗角的一对。

她时常听见人们议论,说女儿不如母亲漂亮,这使她对母亲心生妒忌，尤其当她长成一个少女的时候。她看见母亲依然显得年轻清秀的样子，便觉着自己的好看是母亲剥夺掉的。

世上啥样的母女都有，作者从中"挑"出反常的母女也未必不可，只是想到薇薇是王琦瑶唯一女儿，又是私生女，本应相依为命，却在容貌衣着上吃醋争斗，难道她们是一对心理变态的母女？

　　王琦瑶问张永红，昨晚有没有去过圣诞夜。张永红不解地说：什么圣诞夜，听也没听说过。王琦瑶便慢慢告诉她圣诞节的来历。张永红认真听着，提了些无知的问题，让王琦瑶解释。……张永红听了半天说：咱们这些人有多少热闹没赶上啊！

文革后的一九八〇年代，王琦瑶以老上海"上流社会淑媛"的范儿，当重现民国高雅生活的"教母"，过圣诞节也成了其中的一课。作者通过王琦瑶的说教，把过圣诞节和老上海上流社会划了等号。事实却是，当年上流社会中留过洋的、加入基督教的比较多，看上去都是他们在过圣诞。然而，另类上流社会人也许刚相反，他们可能更保守，更遵从传统文化。王琦瑶既非教徒，又非留洋学子，有啥圣诞节可讲？只能是"为赋新诗强说愁"的卖弄，典型的图解人物。

一九八〇年代初，上海追求新潮的年轻人开始怀旧，民国时代的"上海小姐"王琦瑶的名声传开了，她被带入他们的圈子，不仅独自参加他们的派对和舞会，还邀年轻人来家聚会。

　　王琦瑶家，如今又聚集起人了，并且，大都是年轻的朋友，漂亮，潇洒，聪明，时髦，看起来就叫人高兴。他们走进平安里，就好像草窝里飞来了金凤凰。人们目送他们的背影，消失在王琦瑶家的后门里，想着王琦瑶是多么了不起，竟召集起上海滩上的精英。人们已经忘记了王琦瑶的年纪，就像他们忘记了平安里的年纪。人们还忘记了她的女儿，以为她是一个没生过孩子的女人。要说常青树，她才是常青树，无日无月，岁岁年年。现在，又有那么些年轻洒脱的朋友，进出她家就好像进出自己家，真成了个青春乐园。有时，连王琦瑶自己也会怀疑，时间停止了脚步，依稀还是四十年前。这样的时候，确实有些叫人昏了头，只顾着高兴，就不去追究事实。其实，王琦瑶家的这些客人，就在我们身边，朝夕相遇的，我们却没有联系起来。比如，你要是到十六铺去，就能从进螃蟹的朋友中，认出其中一个两个。你要是再到某个小市场去，也会发现那卖蟋蟀的看上去很面熟。电影院前卖高价票，证券交易所里抢购股票认购证……那可真是三百六十行，行行有他们的人，到处能看见他们活跃的身影。他们在王琦瑶家度过他们闲暇的时间，喝着小壶咖啡，吃着王琦瑶给做的精致点心，觉得这真是个好地方。他们一带十，十带百地来到王琦瑶家，有一些王琦瑶完全说不上名字，还有一些王琦瑶只叫得上绰号，甚至有一些王琦瑶都来不及看清面目。人是太多了，就有些杂，但也顾不上了。王琦瑶的沙龙，在上海这地方也可算得上一个著名了，人们慕名而来，再将名声传播出去。

短短一节出多少错谬！

"沙龙"这个从法国传来的"舶来名词"，谁都知道它约定俗成的含义，一般指富贵阶层或文化艺术界人士的特定聚会，不是随便什么聚会都称"沙龙"的。而参加王琦瑶"沙龙"的是哪些人？有贩卖螃蟹蟋蟀的；有倒卖票证抢购股票的，这些人的聚会能称沙龙吗？

再看自以为是当"沙龙""教母"的王琦瑶，"依稀还是（回到）四十年前",仿佛她四十前是"沙龙"的常客。事实上,那时她不到二十岁,不过是李主任的"四奶",仅仅与他过了几日颠鸾倒凤的日子,哪里参加过沙龙?

一九八〇年代,是文革后拨乱反正时期,在政治和文化领域,冲破禁区敢说敢干的人才被称为社会精英。走进王琦瑶家的这类人,是周立波惟妙惟肖模仿过的"打桩模子",王安忆却称他们是"精英"。

再说,已年近六十的民国"淑媛"王琦瑶,即使怀旧重温当年风光,也应找同辈老上海绅士淑女聚乐,哪有孑然与新潮年轻人厮混的?

如果我描绘这样一幅场景:一帮年轻人以一带十,以十带百地涌来"瓦碎了有三分之一"的平安里,在可能"木头门窗发黑朽烂"的王琦瑶家开出上海著名的"沙龙",那时的上海人听了会笑掉大牙!

老克腊第一次去王琦瑶家,他

> 笑过了则说:我在上一世怕是见过你的,女中的学生,穿旗袍,拎一个荷叶边的花书包。她接过去说:于是你就跟在后头,说一声:小姐,看不看电影,费雯丽主演的。两人笑弯了腰。

王琦瑶说到"笑弯了腰"。这神情完全是轻浮少女的嗲劲,哪有民国"上流社会淑媛"的娴淑庄重?!

上海人对"老克腊"这个词是有褒有贬的,褒义是"老克腊"不仅有钱有闲,还引领各种高雅文化和高档消费的新潮,贬义是他们中的有些人是不太正派的"白相人"。对于一九四九年前的"老克腊"是褒多于贬,而对一九八〇年代的"老克腊"则是贬多于褒。一个民国淑媛丢份到与年轻的"白相人"扎道?最后新潮女郎张永红引来她的男朋友"长脚",王琦瑶明知小伙子来路不正,还照样请他一起吃喝,最终死于他手。

四 人物雷同　细节滥造

不同角色的雷同是小说创作的大忌，《长恨歌》中却比比皆是。

吴佩珍带王琦瑶去她表哥的片厂玩，却"将片厂当作一件礼物一样献给王琦瑶，王琦瑶答应跟她去，吴佩珍便像又受了一次恩，欢天喜地去找表哥改日子。"

"上海小姐"这称号对她（蒋丽莉）无关紧要，要紧的是王琦瑶。她想得王琦瑶的欢心，这心情是有些可怜见的。

蒋丽莉本心是讨厌晚会的，可为了和王琦瑶在一起，她牺牲了自己的兴趣。她们俩成为晚会上的一对常客。

王琦瑶竞选"上海小姐"，蒋丽莉比王琦瑶本人还起劲，"好比是自己参加竞选，事未开头，就已经忙开了。"

你看吴佩珍和蒋丽莉对王琦瑶的心态完全相同，为王琦瑶做事胜于为自己。试想，倘若林黛玉与薛宝钗是一个性格，《红楼梦》还有多少价值？

不仅如此，都是十四、五岁的女孩子，又是同班同学，要好起来应该嘻嘻哈哈无拘无束，但王安忆笔下个个高深莫测，而且都是不必要的。吴佩珍请王琦瑶去片厂，

其实这一天王琦瑶并非有事，也并非对片厂没兴趣，这只是她做人的方式，越是有吸引力的事就越要保持矜持的态度，

是自我保护的意思,还是欲擒故纵的意思?

不知如此毫无目的复杂为哪般?
吴佩珍对王琦瑶更到痴情的地步,

这晚上,吴佩珍竟也做了个关于片厂的梦,梦见水银灯下有个盛装的女人,回眸一笑,竟是王琦瑶,不由感动得醒了。她对王琦瑶的感情,有点像一个少年对一个少女,那种没有欲念的爱情,为她做什么都肯的。

少女时期对闺蜜有这样的情感也许可能,但吴佩珍爱王琦瑶胜于自爱,那番"心情又有点像母亲,包容一切的。"

吴佩珍都看出王琦瑶想去(片厂)又不说的意思了,她非但不觉得她作假,还有一种怜爱心中生起,心想她看上去是大人,其实还是个孩子呀!

天真的吴佩珍竟以母亲的心态说辞包容世故的王琦瑶,且不说人物的性格全颠倒了,又哪里像正常少女的心思?
而蒋丽莉对王琦瑶的表现,已经完全是少女对少年的做派了,

这一日,王琦瑶在课本里发现一封信,打开看是一张请柬,另有一纸信笺,写着一些女同学间流行的文字,表明对王琦瑶的好感,很真诚地邀请她参加生日晚会,署名是蒋丽莉三个字。

王琦瑶想对蒋丽莉说自己愿意去,

蒋丽莉（却）明显在回避她，下了课便匆匆出了教室，只在桌上留一本翻开的书，那敞开的书页是在向王琦瑶讨一封信笺，欲言又止的样子。

这哪里是寻找闺蜜，而是少女试探着给少年暗送情书。
到此为止的上述种种，虽然异样还算有点分寸，下面这些情景，只能让读者觉得是在听上海"滑稽戏"了。

　　（蒋丽莉家）样样事情倒着来：孩子对母亲没有一点礼数，母亲对孩子却是奉承的；过日子一分钱是要计较，一百块钱倒可以不问下落；这家的主子还都是当烦了主子，倒想着当奴仆，由着老妈子颐指气使的。

不知谁见过这样的家庭？

　　程先生虽是二十六，也见识了许多美女，可都是隔岸观火，其实是比十六岁少年还不如的。十六岁时至少有勇敢，如今勇敢没了，经验也没积攒，可说两手空空。

十六岁到二十六岁，是人生最长见识和经验的岁月，但程先生却"返老还童"的幼稚了。

　　这两个人（王琦瑶和严师母）勾心斗角的，其实不必硬往一起凑，不合则散罢了。可越是不合却越要聚，就像是把敌人当朋友，一天都不能不见。

世上可有这样的闺蜜？

蒋丽莉她自知是落后反动，于是做人行事就都反着她的心愿来，越是不喜欢什么，就越是要做什么。比如和丈夫老张的婚姻，再比如杨树浦的纱厂。

也就是说，蒋丽莉拿攸关自己一生的婚姻赌气，因厌憎老张才和他结婚。

这些人事行为都反差到极端，极端到怪异，怪异到近乎精神异常，而且人人如此，家家如此，足见作者如何信马由缰地涂抹人物。

再看《长恨歌》中人物间的亲情。

王琦瑶只有一个独生女薇薇，但薇薇是"天下的仇敌只她母亲一人"。薇薇"虽然有外婆家，却也少走动，一年至多一回。"薇薇办结婚宴，未婚夫小林问王琦瑶，"难道(你家)就没有亲戚了吗？王琦瑶沉默了一会儿说：我只有薇薇一个亲戚，现在也交给你了。"

少女时的蒋丽莉"对父母兄弟都是仇敌一般，唯独对个王琦瑶，把心里的好兜底捧出来的，好像要为她的爱找个靶子似的。"

蒋丽莉的母亲早已将她（王琦瑶）看成比亲女儿还亲的。亲女儿是样样事情与她作对，王琦瑶则正相反，什么都遂她的心。

蒋丽莉的母亲和弟弟虽然"生活在一个屋顶下，却形同路人，有时一连几天不打个照面的。"

蒋丽莉结婚十几年，她母亲"总共只去了（蒋丽莉家）两三回。那三个外孙看她（外婆）的眼光就像在看怪物，女儿也不给她面子，来不迎，去不送，说话也很刻薄。"蒋丽莉去世开追悼会，"她的父亲、母亲和弟弟都没来参加。"

蒋丽莉抱起王琦瑶的婴儿说:"我虽然生了三个,却是头一遭抱孩子。"也就是说,蒋丽莉从没抱过自己生的孩子。所以蒋丽莉回家"昂然从他们(三个孩子)面前走过,彼此熟视无睹,那夹在人群里的三个男孩,更成了路人一般的。""她看见他们(三个孩子)就生厌,除了对他们叫嚷,再没什么话说。"

　　康明逊"同二妈(当小老婆的亲妈)二十几年里说的话都不及同王琦瑶的一夕。"康明逊对自己私生女也毫无感情,孩子成了他去看王琦瑶的障碍,要是没有这孩子,"康明逊还会来得更勤一些。这孩子是使他不自在的,许多回忆都因她而起,打搅了他的平静。"

　　老克腊与父母也是没话可说,"他们即便在一张桌子上吃饭,从头到尾都说不上几个字。"

　　书中角色的亲子关系都不止于无情,而是绝情,而且绝情的言语和形式也如出一辙。用诛心论,除了粗制滥造,不知持怎样的亲情观才能"刻画"出那么多冷酷的心。

　　王琦瑶们"有些可怜见的,越发的楚楚动人。她们吃饭只吃猫似的一口,走的也是猫步。她们白得透明似的,看得见淡蓝经脉。"

　　薇薇的同学张永红"的肤色白得出奇,几乎透明了,到了午后两三点,且浮出红晕,真是艳若桃花。因从小就没什么吃的,将胃口压抑住了,所以她厌食得厉害,每顿只吃猫食样的一口,还特别对鱼肉反胃。"

　　你看王琦瑶和张永红两代美女,都是只吃猫食样的一口,皮肤也是白的透明,都是楚楚动人艳若桃花的。且不说两个美女形象雷同,都只吃猫食似的一口,不会得厌食症?又如何长成美女?让读者无法想象。

　　"蒋丽莉她已有那(程先生)寓所的一把钥匙,倒是不常用的,因总是程先生上她家的多。"

"程先生就从口袋里摸出（王琦瑶家的）钥匙。"进王琦瑶家。
"他（老克腊）的自行车无声地停在王琦瑶的后门口，然后摸出（王家）钥匙开了后门"进去。

程先生尽管心下不愿与蒋丽莉结缘，却把自家房门钥匙给她随便进出；王琦瑶为了程先生方便也给他一把房门钥匙，后来同样给小情人"老克腊"一把。别说上海人没有把自家钥匙随便交给朋友的，即使农村身无长物的人家也不会有给熟人钥匙的习惯吧？

黄惟群评论王安忆的《启蒙时代》时透彻地解析：

> 通常，王安忆笔下的人物大多是可以通用的。这本书中写在这人身上的细节和心态放到那人身上，同样适用，那本书中的人物，稍做修改，换到这本书中来，也不会看得出什么不同。通常，王安忆笔下的人物都是和故事情节联系一起的，人物的反映基本都是情节发生时人的反映，也就是说，这人这时这样反映，那人那时也会这样反映。这些人物是事件发生过程中的人物，而非事件发生过程中性格化的人物。[1]

黄惟群说的是王安忆在不同书中，在不同的人物身上状写相同的情节和言行，到了《长恨歌》则是同一篇故事不断复制雷同的细节。

我们看《红楼梦》里写了一群小姐和一群丫鬟，但她们的脾性和言语没有雷同的；《安娜·卡列尼娜》写了一堆公爵、伯爵和公爵小姐、公爵夫人，也没见言行相同的人物。杰出作家都会对自己创作的人物倾注巨大感情，会走进他（她）们的内心，依据他（她）们担当的角色所思所想所行。有时，作家对自己塑造的人物沉溺太深，会与之同悲共喜心神相牵；会为角色找一句恰当用词而寝食不

---

[1] 黄惟群：一个缺少自我的作家——王安忆作品谈。

宁……所以，我们为一些名著中的人物动情时，也从中读出作者的人格和精神。我们从阿Q、孔乙己、祥林嫂读出鲁迅深入骨髓的沉痛哀叹；从《家》中的觉新觉慧、《寒夜》的汪文宣读出巴金满腔的嫉世愤懑；从《边城》的翠翠读出沈从文的恬然淳朴……

然而，我们从《长恨歌》的人物中读不出王安忆的感情，却能从众多雷同中看到作者对人物缺乏起码的尊重，各色人物不过是她信手捏出的泥塑面俑。这也符合她一再表白的，文学写作是一项纯技术活，所以，她的创作是不带感情地编故事。因故事编的太多，而生活感受太少，结果就编出那么多雷同。

> 王安忆小说中的这类的细节，大多是凭空想出来的。靠这些完全凭空想象的细节写出一本又一本书，怎能不写到枯萎，不写出严重缺陷？[1]

最搞笑的是，王安忆还教训年轻写作者说：

> 小说岂能胡编乱造不讲"考据"……"素材的真实性会提供编织情节和人物的条件。对此，作家偷懒不得。"[2]

她在一次访谈中再次指责：

> 我发现最近的小说家，是不太讲究细节真实了。想到什么就写什么，对于细节上的偏差，一句小说是虚构就交代过去了，好像虚构不需要门槛、不需要讲究这些。[3]

---

1 黄惟群：一个缺少自我的作家——王安忆作品谈。
2 王安忆访谈：小说岂能胡编乱造不讲"考据"。
3 王安忆访谈：现在的小说家太不讲究细节真实了。

然而，我们来看王安忆自己如何考据细节。《长恨歌》写于一九九六年，故事结束在一九八〇年代中期，别说前述一九四九年至一九六六年的事她不作考据，连十年前的细节她都胡乱描述。

一九五七年，王琦瑶在家招待严师母等人，

> 煤炉上炖着鸡汤，她另点了只火油炉炒菜，油锅哗剥响着，也是活过来的声音。

这里用"煤炉上"符合平安里的环境。

> 平安里的一日生计，是在喧嚣之中拉开帷幕；粪车的轱辘声，测马桶声，几十个煤球炉子在弄堂里升烟……

然而，到了一九八五，

> 老克腊已像半个主人一样，摆碗布筷的。因是请这样的晚辈，王琦瑶便不甚讲究，冷菜热菜一起上来，只让个汤在煤气灶上炖着。

平安里那种"你惊异它怎么不倒？"的房子一九八五年突然"装上煤气"了。

一九七六年时，薇薇是高中一年级学生。

王安忆是一九六九届初中毕业生，她不知道从一九七一年开始上海实行中学四年制，也不明确分初、高中（文革后勉强算高中同等学力），直到一九七九年才恢复文革前的初中三年和高中三年。也就是说一九七六年根本没有高中一年级的学生，王安忆以文革前的学制想当然地写薇薇。前面已经错了，后面再错，"中学毕业，薇薇去护校读书"，中学（按上海人的习惯说法）当然指初中，因为护校是中专，文革前初中毕业考护校，高中毕业考大学。也就是说已经"读高中"的薇薇又"回到"初中，然后毕业上卫校。

张永红，

> 她身上的新衣服都是靠自己挣来的：她替人家拆纱头，还接送几个小学生上下学，然后看管他们做作业，直到孩子的大人回家。她倒也不缺钱。

不用说这是张永红上中学时的事。文革前尤其是所谓"三年自然灾害"时期，上海确有穷人家孩子"拆纱头"赚钱，但文革时割资本主义尾巴，哪里去找那样的活？一九六一年出生的张永红到一九七六年不过十六、七岁，别说当时上海小学生都是自己去上学，自己回家做作业，需要接送看管做作业的事也是闻所未闻。即使有，哪个家长付钱找一个大孩子照看自己的孩子？

"到了第二年（七七年），服装的世界开始繁荣"，不仅繁荣，薇薇、张永红和她们"的那些同学们，将这城市服装店的门槛都快踏破了，成衣店的门槛也踏破了。她们读书的时间没有谈衣服的时间多。"一九七七、七八年，社会刚摆脱文革时的全民蓝，服装也不过开始多点颜色，薇薇和张永红几乎整天在淮海路上赶服装时髦，服装店哪有那么多新款式经她们踏破门槛翻淘？直到一九八三年央视第一次举办春晚，那些登台演出的女演员，如刘晓庆、李谷一、郑绪岚等人的服装还都土拉八几的，别说七七、七八年店里没那么多衣服供她们挑选，即使如二十年后服装市场琳琅满目，薇薇有钱去踏破服装店的门槛吗？当时"王琦瑶早已卸下打针的牌子，只在工场间里钩毛线活。"上海人都知道，这种里弄工场（不是工厂），月收入最多二十块左右，维持两人的吃饭都勉强，王琦瑶又不愿动她囤着的黄货，薇薇哪来的钱去踏破服装店？

　　王安忆为了发挥自己的"专长"，洋洋洒洒地写王琦瑶和女儿薇薇及薇薇同学张永红三人，不仅无休无止地镇日"专研"服装，彼此还在穿着上吃醋拈酸，明争暗斗，却忘了无论是薇薇还是张永红的钱从哪里来？

　　　　王琦瑶在水斗洗涮着，心想这一日终于应付过去。她收拾完了，打开电视，从抽屉里拿出一包烟，点上一支。

老克腊的父母，

　　　　因有了电视机，就不去电影院了。每天晚饭吃过，打开电视机，一直看到十一点。有了电视机，他们的晚年便很完美了。

老克腊去参加聚会，

　　　　老克腊来到时，已不知是第十几批了。……通往阳台的一间屋里，掩着门坐了一些人在看电视里的连续剧。……她（王琦瑶）抱着胳膊，身体略向前倾，看着电视屏幕。

　　　　十八号里退休自己干的裁缝，正忙着裁剪，老婆埋着头锁洞眼，面前开着电视机，谁也没工夫看。对了，虽然各家各事，可有一点却是一条心，那就是电视。无论打牌，喝酒，吵架，读书,看或是不看,听或是不听,那电视总开着,连开的频道都差不离,多是些有头没尾的连续剧,是夜晚的统领。

以上描述告诉读者,上海一九八五年已经家家有电视机了,而且电视连续剧也是一部连一部放映。而实际情况是,一九八五年电视机凭票供应,各单位靠抽签分电视机票。有了票子还要有钱。当时一台十四英寸的小电视机至少一千元,而上海职工平均工资一百一十元,不吃不喝一年才能买一台,不是家家都买得起。一九八七年电视剧《红楼梦》开播,没电视机的人家是多数,他们想看就去有电视机的邻居家借光。我一九八八年出国时,上海大多数人家都没电视,九〇年从日本给父母买一台电视还让亲戚、邻居羡慕。刘震云的小说《一地鸡毛》发表于一九九〇年,故事中的一对夫妇大学毕业,在北京的机关工作,两人月收入二百多,紧巴巴省下钱才买了一台电视机。可见一九八五年哪有家家有电视机的?不仅电视机还没普及,电视剧也没天天放好几部,开着电视有一看没一看电视剧,至少是十年后的事了。

去王琦瑶家"沙龙"的"精英"中,有"电影院前卖高价票,证券交易所里抢购股票认购证……到处能看见他们活跃的身影。"上海证券交易所一九九〇年开张,一九八五年的"精英"到哪里去抢购股票?

显然,作者是按写作时(一九九六年)的社会状况写十年前的场景。诸如此类在《长恨歌》中枚举不尽。十年前的场景不屑核实,稍微复杂点的就自作聪明地胡诌了。

王琦瑶"们夏天一律的疰夏,冬天一律的睡不暖被窝,她们需要吃些滋阴补气的草药,药香弥漫。"睡不暖被窝的人,按中医辩证属阳虚,治法正好相反,是"补阳"而不是滋阴。

> 严家师母每逢星期一和四，到王琦瑶这里打一种进口的防止感冒的营养针。

世界上至今没有预防感冒的营养针，别说七十年前的上海。再说，即使有，三十七、八岁身体健康的严师母需要打吗？而且每周打两次？

还有许多经不起推敲的细节，王琦瑶和程先生

> 两人在一张沙发上，一人一头坐着，打着瞌睡……

显然这是一张三人大沙发了。上海人都知道，王琦瑶住的那种屋子，都是"螺丝壳里做道场"，别说不会去买一张大沙发，就是放得下也没法从曲里拐弯的狭窄楼道搬上来。

> 蒋丽莉家住底楼一层，朝南两大间，在带北一小间，前边有一个小花园……

蒋家的住房在上海也算是宽裕的，但也仅仅是宽裕而不是多余。但家里却用一个奶妈一个女佣，再加婆婆，自己夫妇两人还有三个孩子，怎么居住？连住处都没有却找两个佣人，不是没事找事？

以上就是《长恨歌》得到最多好评的，用"细腻"笔法"擅长描写的生活细节"？！王安忆还师心自是地指责别人"不讲究细节真实，想到什么就写什么"[1]却全然不知反求诸己！

事实上，若是严谨的作家，《长恨歌》的内容不论，其中漏洞百出的舛错，只要查核斟酌本可避免。我相信，王安忆如果看到这

---

1 王安忆访谈：现在的小说家太不讲究细节真实了。

篇拙评，一定会羞悔不已，怎么会留下那么多让人诟病的"瑕疵"！

为客观评论，我特意买来三本《长恨歌》对比，新版几乎没修正早期版中的讹谬。显然，傲睨自若让王安忆不费那份心，所以她大言炎炎地宣称：

> 说句大话，谁的批评都比不上我自己的严格，因为只有我知道自己的标准。[1]

她的标准就是我行我素，因为对她的不多批评都被主流评论界大咖的赞许声淹没：

> 人所周知，王安忆在中国文坛的地位实在太优越，这优越已使她可在一片热情激动得颤栗的赞扬声中心安理得地闭上沉醉的眼。感觉太好了。没几个人能享受这么好得感觉。于是，闭着眼的缥缈境界中，她真的觉得自己已是大师，觉得自己不管写什么、怎么写，都能写出好作品。[2]

结果就是，她不必在乎批评！

---

1 中国新闻周刊——王安忆：谁的批评都比不上我自己的严格
2 黄惟群：一个缺少自我的作家——王安忆作品谈。

五 颠倒虚实　矫饰时世

《长恨歌》中不合逻辑难以自圆地胡编细节，比起臆造故事的社会背景仅是"不拘小节"。为模糊时代印迹，使王琦瑶的人生一以贯之，在一九四九年后延续"民国生活"，王安忆便以"纯文学"的"大手笔"，在历史嬗变的节点上，买椟还珠地虚景实写，实情虚写，乱花迷人地矫饰艰难时世。

《长恨歌》一开场就"气势宏伟"地鸟瞰上海，絮絮叨叨空无一人地写了"弄堂""流言""闺阁""鸽子"四章，犹如给王琦瑶披上凤冠霞帔，让她浩浩荡荡地粉墨登场。

试看王安忆笔下的弄堂，连最简陋的房子的老虎天窗

> 在晨雾里有一种精致乖巧的模样，那木框窗扇是细雕细做的；那屋披上的瓦是细工细排的；窗台上花盆里的月季也是细心细养的。然后晒台也出来了，有隔夜的衣衫，滞着不动的，像画上的衣衫；晒台矮墙上的水泥脱落了，露出锈红色的砖，也像是画上的，一笔一画都清晰的。

何等华美！何等诗情画意！
不仅如此，

> 上海的弄堂是性感的，有一股肌肤之亲似的。

> 上海弄堂的感动来自于最为日常的情景，这感动不是云水

激荡的，而是一点一点累计起来。这是烟火人气的感动。

　　如此浪漫动人的大上海怎不让外人迷恋。
　　弄堂确实是容纳绝大多数上海市民住宅群，也就是上海人最大的生存空间，说它是上海最典型的象征和风景没错，可惜真正生活在弄堂的上海人有多少感受过王安忆笔下的美妙？
　　不错，三、四十年代，上海是东方的巴黎，有其繁华的一面。正因为繁华，全国各地的人涌来，城市的发展跟不上人口的增长，大多数普通弄堂的上海人过着"七十二家房客"的生活。
　　到了一九八〇王琦瑶"引领"潮流的年代，因为四九年后上海几乎没建造房子，上海人均住房三平方米，全国倒数第一。五十年代"光荣妈妈"生的一批孩子都到了谈婚论嫁的年龄，绝大多数人家别说婚房，连谈恋爱的地方都没有。
　　有些父母为了让儿子和女朋友在家谈恋爱，自己出去逛马路。《长恨歌》里也有这样的描写，

　　　　往后，（女儿薇薇的男朋友）小林来了，便不在窗下一声高一声低地喊，而是径直上楼来，在楼梯口喊一声。王琦瑶总是找个借口让出去，给他们自由。

　　（回溯一下，就是在这样逼仄的屋子里，王安忆却让王琦瑶在家开出上海著名的沙龙，可见她的写作如何顾头不顾尾）
　　当然，更多的情况还是情侣自己找地方。没处可去，一对对恋人谈恋爱的方式就是逛马路，调侃自嘲为"数电线杆"。按时下烂熟的流行语说，当时外滩江堤的围墙才是上海"最美的一道风景线"，是名符其实比现在上海任何地方都"美"的一道风景线：从南到北，也可以说从北到南，每天恋人们一对紧挨一对地伏在宽厚的堤墙上

低声呢喃"卿卿我我",筑成闻名遐迩延绵几百米的"情人墙"。那才是上海人"文明"的天花板,成百上千对恋人挤挤挨挨,却互不干扰,也从没听说发生争吵,而且每天晚上还要换几批。当时若兴吉尼斯纪录,有好事者报上去,有上千对恋爱轧成一排谈恋爱绝对打破世界纪录。

因为没有婚房,那时上海人绝大多数都是超龄结婚,有个五、六平方米亭子间或阁楼结婚是幸运的,实在逼急了,拉一块布幔和父母弟妹隔开结婚的不在少数,还有人去近郊租借农家房结婚的……

这就是王安忆"大手笔"下看不到的弄堂真实画面。

即使王琦瑶——按书中的描摹——也是民国时代而不是上海弄堂造就了她,弄堂闺阁鸽子并没赋予她含义,与她的命运也无必然关联。唯有"流言"与王琦瑶沾边,那也是王安忆无本之木的编造物,仅此而已。

时光到了一九四九年,这是中国乃至世界现代历史的一个转折点。上海"解放了",局势丕变下人心纷乱茫然,王琦瑶却安然如故,跟着苏州外婆去乌镇娘家了。她沿水路坐船去,像观光客闲散地一路欣赏风景,好似进了世外桃源。到了舅公家,还和阿二进行了一场似有似无的恋爱。

一年后,王琦瑶返回已换了人间的上海,好似换了件衣服,开始过"民国淑媛"的遗民生活。

一九五七年起,王琦瑶和严师母、康明逊在家搞浪漫的下午茶。

这是一九五七年的冬天,外面的世界正在发生大事情,和这炉边的小天地无关。这小天地是在世界的边角上,或者缝隙里,互相都被遗忘,倒也是成全。窗外飘着雪,屋里有一炉火,是什么样的良宵美景啊!

那年的上海（或者说中国）是怎样的上海（中国）？中共建政仅八年，就连年搞了几场政治运动：镇反、三反、五反、肃反、公私合营（私营财产收归国有），反右等等，老百姓不断接受"革命洗礼"。镇反中许多国民党官兵被枪毙，国民党高官的姘头王琦瑶会不受惊吓？"五反"运动和"公私合营"都是打击资本家，资本家老婆严师母和资本家儿子康明逊即使没遭大灾厄，也领教了无产阶级专政铁拳的厉害，尝到了社会主义改造滋味，在风声鹤唳的政治高压下，早就夹起尾巴做人了。

然而，我们看到的王琦瑶们，逍遥法外地在弄堂搭出世外仙阁，逸乐自得地享受"良宵美景"。

就说搓麻将，

> （严师母）千叮嘱万叮嘱不能叫严先生知道，严先生最是小心谨慎，人民政府禁止的事，他绝对不肯做，那一副麻将都是瞒了他藏下来的。

那年月，既然政府严令禁止，难道隔壁邻居没有眼目？王琦瑶住的可是听得见"隔壁无线电正好报时，报了十一点"的房间。如此胆大妄为地搓麻将，还聚会喝下午茶，不上一周，派出所就会上门查问，以他们的身份，完全可能被当做反革命小集团抓起来，哪里容他们的下午茶一年又一年喝下去？更别提康明逊和王琦瑶色胆包天偷情生子？还有一个混血儿萨沙加入其中，一张洋面孔出现就是弄堂新闻。萨沙去店里买东西，小孩就少见多怪冲他叫"外国人"（这倒是小时候见过的情景）！到王琦瑶怀孕时中苏已交恶，萨沙前脚进王琦瑶家的门，楼下的邻居后脚就去居委会汇报了。

王琦瑶靠王安忆撞了大运，虽住五方杂处的弄堂，却如在无人之境地干打麻将、偷情生子等违法事,而她的邻居都安之若素。金宇澄的《繁花》里有个角色小毛就没那么幸运了。他住着与王琦瑶类似弄堂里一栋楼的三层阁,底楼是理发店,夜间关门后就成了本楼居民的客堂间,小毛与住在二楼的娘子银凤通奸,隔壁爷叔窥探了他们的奸情,密告了银凤常年在外的海员丈夫,坏了小毛的好事。

同样的上海作家,写出同样得茅盾奖的作品,但他们笔下同时期上海的场景却在对掐,而《繁花》以实录上海人的烟火气获赞,就成为《长恨歌》子虚乌有瞎编的佐证。

> 在王安忆的小说世界中,日常生活已被她从历史、现实甚至是从人的灵魂中抽离出来,形成了一个封闭自足的世界。正是在对这一世界的强调和书写中,充分显示了王安忆的日常幻觉。吴俊曾经用'日常生活的乌托邦'来指称王安忆的写作,但是鉴于乌托邦所含有的希望精神和解放潜能恰恰是王安忆的日常世界所明显缺乏的,所以,我对王安忆的写作,更愿使用'幻觉'这样的字眼。[1]

是的,王琦瑶们的"良宵美景"都是王安忆幻觉出来,不过,这"幻觉"是有意识的,而不是无意识的。

一九六六年来临,中国历史上千年一遇也必将影响未来千年的浩劫开始了。《长恨歌》只轻描淡写地表了句"程先生自杀了",就把涂炭生灵的十年文革一笔宕过。程先生为王琦瑶"守身如玉"一辈子,但王琦瑶对他的死不置一词。

假设王琦瑶此前偷情生女没事,到了文革,国民党姘妇加解放前的"上海小姐",解放后"搞腐化"当"破鞋"等几重罪名,她

---

[1] 何言宏:王安忆的精神局限。

不被斗死，也难逃被剃阴阳头游街的命运。纵使她在文革中苟活下来，文革后也成了惊弓之鸟，哪里还敢独自与时髦青年男女厮混？

王安忆要王琦瑶做上海的代言人，所以王琦瑶以"王琦瑶们"面貌出场，意即王琦瑶只是无数"们"中一员。那么我们来看民国时代真正上流社会淑女名媛"们"在一九四九年后的遭遇。

民国名媛郭婉莹，是中央造币厂厂长兼上海永安公司老板郭标的千金，毕业于燕京大学心理学，曾引领上海的时装潮流，在锦江饭店举办过时装秀。一九四九年郭家人逃亡美国，她却留了下来。一九五八年，她丈夫因现行反革命罪坐牢，三年后死于狱中。文革中她是反革命家属、资本家女儿，被剃了阴阳头批斗，随后被赶出花园洋房住进屋顶见天的亭子间。再后来被下放农村劳动改造，修路，挖鱼塘，干到双手起泡破皮流血……

再一个名媛盛爱颐，晚清首富盛宣怀爱女，毕业于圣约翰大学，不到二十岁就名扬上海滩，是百乐门舞厅的创始人。一九六六年文革，她丈夫被打成反革命，送乡下劳改后病逝。她本人被斗得伤痕累累，过后被赶出三层联排别墅，"发配"到五原路一栋旧房的汽车间，里面有一个化粪池口，每隔几天便有一根长长的管子伸进她家"突突突"地往外抽粪水……

比她们名气小的"旧上海"名媛，那些文化界和影剧界的明星，层次低一点的舞女之类的人物，在一九四九年后的磨难更是难以尽叙，她们中的每个人都可写一部书。

也是民国上流社会名媛的郑念就写过一本。

郑念一九一五年生于北平，燕京大学毕业后留学英国，获伦敦政治经济学院硕士学位。她丈夫是国民政府外交部派驻澳大利亚的官员。一九四九年夫妇俩带着女儿郑梅平回上海，她丈夫任英国壳牌公司上海办事处总经理。一九五七年丈夫病死后她出任外国总经理助理。一九六六年文革中郑念家被抄，人被看守所关了七年，女儿郑梅平遭红卫兵活活打死。一九八〇年她离开上海定居美国后，用英文写出自传《上海生死劫》。她比王琦瑶更有资格作上海代言人。

需要补叙的是，上述几位上海真正淑女名媛的另一面。她们的丈夫都早早的不是斗死就是瘐死，但她们都自尊贞洁地坚守中国传统妇道，不像"淑媛"王琦瑶干出偷情生子，到老了恋上一个青年白相人的事！

面对《长恨歌》刻意回避历史现实的质疑，王安忆自辨说，她更关注的是老百姓的日常生活，再激烈的历史，老百姓柴米油盐的生计是不变的。陈思和更从理论上为之辩解：

> 《长恨歌》写了家庭和社会的脱离，事实上，除了官方的，现在的一个价值系统，民间还有一个相对独立的价值系统。几十年来。上海市民的生活实质没有多少改变，它有自己的文化独特性，《长恨歌》写出了这种独特的生活规律。[1]

王安忆也好，陈思和也好，都是那个时代的过来人，竟说出"上海市民的生活实质没有多少改变"的话。他们假装不知道，中国百姓一九四九年后与一九四九年前过日子的差异，要远远大于从秦汉到清朝与一九四九年前民国时代的差异。从政治生态上说，哪怕最严酷的皇朝，对县以下地方也是无为而治。民国时代虽有保甲制度，但担任保长甲长的都是地方乡绅，也形同自治。一九四九年后的毛时代，政府组织的触角在城市一直伸到居民委员会，形成邻里互相监督防范的体系。就拿最近上海乃至全国处理疫情为例，哪里允许"民间价值系统"的存在？

评论家李静也对陈思和的说辞提出反论：

---

1 李静：不冒险的旅程。

当国家对社会拥有绝对权力时，"民间价值系统"立刻会变为一张驯顺无声的白纸，任凭权力随心所欲地涂写，而那种所谓的"生命的亮色"也只能降低到生物学的水平。[1]

即使以"生物学水平"的柴米油盐论，一九四九年前的任何一个朝代，也没有让老百姓凭票买粮度日的，如此生计能和历朝历代一样恒常吗？但《长恨歌》里就能！

许多读者都不解，王安忆为何在《长恨歌》中绕过文革？

历经法国大革命（一七八九——一八三〇年）的法、英许多作家都不肯放过那场革命，写出不少审视那场革命的名著，尤以狄更斯的《双城记》和雨果的《悲惨世界》及《九三年》最为人称道。《双城记》既鞭挞了大革命前贵族压迫穷苦贫民的冷酷和凶恶，又谴责了革命时平民（所谓共和国的公民）复仇的血腥与残暴。同时不忘高扬人道主义的精神，描写医生马奈特同意将女儿嫁给仇家的儿子，卡顿为自己所爱的女人顶替她丈夫查尔斯（也是他的朋友）去死。雨果在《九三年》中告诫人们："在绝对正确的革命之上还有绝对正确的人道主义"。

尽管我拿狄更斯和雨果作品评说《长恨歌》，但仍善意地认为，基于大陆出版环境的形格势禁，不应苛责王安忆回避文革等历史的写作。但看到她的访谈言论才明白，不屑直面历史是她的价值观使然。

她在二〇〇一年毫不讳言地说：

> 这个时代是一个我不太喜欢的时代。它的特征是外部的东

---

[1] 李静：不冒险的旅程。

西太多了。物质东西太多，人都缺乏内心生活。我甚至很怀念文化大革命我们青春的时代。那时物质真是非常匮乏，什么都没有。但那个时候我们的内心都非常丰富。我想我们都是在那种内心要求里开始学习文学。[1]

读到这话，耳边响起鲁迅的斥责：

> 如果从奴隶生活中寻出"美"来，赞叹，抚摩，陶醉，那可简直是万劫不复的奴才了！

再用人道主义标杆衡量王安忆已是缘木求鱼，一个怀恋在文革中度过青春的人，怎么会把文革受害者当回事？又怎能反思文革批判社会现实？

王安忆还越厨代庖地用"我们"这个群体词：文革时"我们的内心都非常丰富"，"我们都是在那种内心要求里开始学习文学。"我和王安忆是同侪人，自然也属于"们"中的一员。但我及我所知道的所有"们"，文革中精神生活比物质生活更匮乏。我"们"在学校得不到正规教育，放学后无所事事，男同学以打牌下棋打玻璃弹子自娱，内心别说丰富，而是彻底枯萎。我喜欢看小说（用不上"学习文学"这么高雅的词），学校图书室封了，从老高中生邻居那里借禁书看，不是撕去封面的《父与子》，就是书页残破的《约翰·克里斯多夫》之类。文革后期，区图书馆阅览室重新开放，下午一点开门，要提早排队才能借上想看的书，我化几周才断断续续读完三册一套的《艳阳天》。

王安忆受益于作家父母的优越条件，当然不缺书看，也可以安

---

[1] 王安忆访谈：那是一个奇异的时代。

逸地学习文学。奇怪的是,她仿佛不知道像她那样的优渥是例外,而像我"们"这样的才是文革的常态,却说出"我们"都在精神上"食肉糜"的大话。再说,文革十年,唯一可称为人才收获的,就是出了几个像她那样受益于文革的一九五〇后的"大作家",但有多少天资聪慧的人因缺乏必要的教育而被埋没,仅看我"们"这辈人在科技领域的空白就不言自明了。

六 违逆真相　趋媚低俗

在查看有关《长恨歌》的评论时，最让我讶然的是，有个话题即使批评《长恨歌》的人也没有意识到。

关于《长恨歌》的写作缘起，王安忆如是说：

> 许多年前，我在一张小报上看到一个故事，写一个当年的上海小姐被今天的一个年轻人杀了，年轻人为什么要杀她，我已经不记得了，读时那种惨淡的感觉却记忆犹新，我想我哪一天总会写它的。[1]

王安忆说的小报是《文化与生活》，上世纪八〇年代上海文化出版社主办的一份杂志。一九八五年第五期上刊载过纪实文学《"上海小姐"之死》，文中的被害者用了化名，真实案件发生在一九八三年十月二十二日。

死者是七十一岁的蒋梅英，居住在上海江苏路四百八十弄月村八十号私寓二楼，法医鉴定蒋梅英被人卡颈而亡。

蒋梅英生于一九一三年，是振泰纱厂厂长蒋柯亭的女儿，毕业于圣玛利亚女中。她气质出众美貌绝伦，是当之无愧的上海淑媛，走到哪都吸引一群爱慕者，后被"美丽牌"香烟公司选中当香烟盒封面模特。

有一次，戴笠到上海，派车接蒋梅英去跳舞。她无法推脱就去应酬。跳舞时，戴笠说："我那有珠宝，去看看吧。"蒋梅英笑着

---

[1] 王安忆访谈：形象与思想：关于近期长篇小说的对话。

说:"人人都知戴老板阔绰,今日得见,名不虚传。款待至此,我万分感激,又怎敢得寸进尺呢?家中尚有父母忧心等待,还望原谅,我先走一步。"戴笠没有为难她,还派人送她回家。

(注:蒋梅英对戴笠的矜重,表现了真正的上海淑媛的格调。与之相比,王安忆演绎出的王琦瑶与李主任何等低俗。)

蒋梅英最后嫁给了父执之子周君武。一九七一年她丈夫去世后,子女在外地,她独居上海。

一九七四年的一天,二十六岁的民警周荣鹤随老警员下片区走访,巧遇蒋梅英。老警员指着蒋梅英的婀娜背影对周荣鹤说:"这个人叫蒋梅英,来历很不简单。"此后,周荣鹤脑中搁上了蒋梅英。

不久后的一天,周荣鹤敲开蒋梅英家的门。眼前的蒋梅英让他看呆了,六十出头的蒋梅英皮肤白皙气质典雅,看上去好像三十多岁。

周荣鹤的心怦怦直跳,他以关心的口气问蒋梅英:"你在旧社会是怎么当舞女的?怎么认识戴笠的?"蒋梅英申辩说:"我不是舞女,是戴笠派汽车接我去跳舞的。"周荣鹤要离去时,蒋梅英起身送客,周荣鹤竟一下子抱住了蒋梅英……事后周荣鹤凑近她耳边轻声说:"今天的事情,侬(你)绝对不可以讲出去。"接着又在她面孔上香了一嘴。

时值"文革",蒋梅英过着噤若寒蝉的生活,她只担心自己可能被陷害,根本不敢去告发。直到文革结束后的一九七八年,她才写检举信向长宁公安局投诉。那时,周荣鹤已是长宁区公安分局团委书记,作为"第三梯队(将来迁升的代名词)"的重点培养对象,所以,区公安局没有理会。一九八三年,全国开展"严厉打击刑事犯罪分子运动"。周荣鹤利用职务还奸淫猥亵过另三名妇女,为保住自己的仕途,他先威逼利诱这三人缄口,然后去封蒋梅英的嘴。

那日晚上,周荣鹤敲响了蒋梅英家的门。蒋梅英见是周荣鹤,一愣,随即让他进屋。周荣鹤得知蒋梅英独自一人在屋,就走到她面前说:"蒋梅英,我来向侬(你)赔礼道歉。以前我对侬不尊重,请原谅。侬不要检举揭发,总归是我错了。"

蒋梅英大声说:"算了,算了,事情过去了,你走吧,还有啥讲的。"她压根不想重提旧事,也怕周荣鹤再度非礼她,故意大声说话,想让周荣鹤快离开。

这时,突然传来邻居开门的声音。周荣鹤大惊,紧张地说:"不要被人家听到了。"

蒋梅英呵斥道:"你走不走?你到底是来赔礼道歉还是要来作弄我?"

周荣鹤慌了,上前把蒋梅英按倒在地,说:"侬不要响!不要说话!"蒋梅英被这么一按,火气顿生,刚要开口说啥,周荣鹤一只手捂住她的嘴,另一只手卡牢她的脖子。蒋梅英越挣扎,周荣鹤的双手捂得越紧,卡得越牢……[1]

蒋梅英的故事即使不加工,她死于非命的遭际也远比王琦瑶凄惨,也更反映上海那四十年的历史。在那个特定的年代,"一个年轻人掐死一位老'上海小姐'"和"一个警察利用职务性侵一位老'上海小姐'",反映着截然不同的社会现实。在社会主义中国,公检法是无产阶级专政的机器,警察就是这部机器上的螺丝钉,也就是这部机器最基层的执行者。中国的老百姓,尤其是蒋梅英那类人,因对民警心存恐惧才蒙辱遇害。

面对这样的题材,一个作家怎样书写,不仅考验他(她)的文学水平,更考验他(她)的道义立场和思想境界。

爱好文学的人都熟知这样的例子。

法国作家司汤达根据《法院新闻》刊载的一桩情杀案写出代表

---

[1] 蒋梅英的故事引述自祝淳翔的作品:王安忆《长恨歌》故事原型考。

作《红与黑》。小说通过主人公于连的两次爱情，表现他勠力反抗现实社会最终失败的经历，展现了十九世纪初三十年间法国的社会风貌，抨击了政府的腐败，复辟王朝时期贵族的反动，教会的黑暗和资产阶级新贵的卑俗。所以《红与黑》既是爱情小说，也是"政治小说"，被誉为十九世纪欧洲第一部批判现实主义的杰作。

托尔斯泰晚年的代表作《复活》，素材也得自一位检察官向他提供的真实案件：一个贵族青年引诱他姑母的婢女，婢女怀孕后被赶出门当了妓女，后被诬告偷钱而受审判。贵族青年以陪审员的身份出庭，为赎罪向法官申请同妓女结婚。小说通过女主人公的案审，揭示了法律不公等社会问题，并藉各式人物形象，宣扬赎罪拯救灵魂、禁欲及道德自我完善等思想，体现了托尔斯泰博大的宗教情怀和改良社会的主张。

司汤达和托尔斯泰都点石成金，把普通的刑事案提炼成反映大时代和表达大境界的不朽作品。

然而，王安忆却化"神奇"为腐朽，把足以展示时代风云，塑造真正上海代言人的大作品，故意回避扭曲历史真相，讨巧地以无业青年取代公安民警作凶手，写出秾丽"迷人"的"上海小姐之死"的《长恨歌》。

对此，评论家何言宏更深入地注解：

> 说实话，我经常会困惑于王安忆为什么要强迫性地遗忘历史？她在一篇谈话中的内容，终于道出了这样的秘密。新时期以来，人们对王安忆有着各种各样的诸如"知青作家"、"寻根作家"和"女作家"之类的身份指认，但她认为在这些指认中，最为认同的，还是"共和国的女儿"这样的身份。她认为自己具有"鲜明"的"共和国气质"，"是共和国的产物，在个人历史里面，无论是迁徙的状态、受教育的状态、写作的状

态,都和共和国的历史有关系"。我认为确实如此!但我还要说,从王安忆的创作对于共和国历史特别是其中的"反右"和"文革"历史的强迫性遗忘来看,她不仅是"共和国的女儿",而且还是"共和国的乖女儿"。

王安忆出生不久,就随母亲茹志鹃从南京迁往上海,并且居住于她在后来一直引为自豪的淮海中路。无论是居住地点,还是其革命干部的家庭出身,都足以使她的青少年时代无忧无虑,具有足够的优越感。对于她这一代的很多人(比如韩少功)来说,插队农村的经历或者是父母所受的政治迫害会是一种巨大的"历史挫折",从而将他引向对历史的批判与反思,但对王安忆来说,这样的挫折并不存在。她在农村的经历不仅时间短暂,还因为自己家庭条件的优越而被众人羡慕——更何况,她所插队的农村是在她后来的作品中所说的"富裕"的淮北,而且下乡不久,她就先于其他知青考入了在当时不无风光的文工团。一九五八年,她的父亲虽曾被打成"右派",但却并未受到怎样的迫害。按照王安忆的说法,甚至是非常享福。所以在总体上,她对共和国的历史有一种内心的感恩。正是由于这样一种一己经验的局限,使她并不反思共和国的历史。无论是联系于共和国的历史起源的现代历史,还是共和国历史上"反右"和"文革"一类的历史悲剧,都被她的写作排斥于逼问与思考的范围之外,造成了强迫性的历史遗忘。[1]

王安忆几乎是宣誓般地(追加)表达了她的立场:"别人说,因为我父母都是南下干部的关系。我不晓得。我不敢说,但其实

---

[1] 何言宏:王安忆的精神局限。

我很想说，我是人民的作家。"[1] 上海从一九四九年到一九八九的四十年间，所有市民不是在政治上就是在经济上不同程度的遭受劫难。有产阶级被剥夺了财产，无产阶级被剥夺了发展的权利，生活水平不断下降。唯一例外的就是王安忆父母那样的南下干部，他们是上海的占领者，鸠占鹊巢地住进政府收缴来的房子，按干部级别拿着远高于普通市民的薪水，分享着用无数人头换来的这个共和国的红利。王安忆作为共和国的产物，天然地情系这个共和国，也自然坚定站在这个共和国号称的代表人民的立场，坚持做人民的作家。

所以，一九四九年后，偌大的中国你找不到一个"平安村"，偌大的上海你也找不到一个"平安里"，但王安忆却别有深意地让王琦瑶住在"平安里"，而且强调"上海这城市最少也有一百条平安里。"

事实上，别说远离她生活圈子的市民的苦难入不了她的法眼，就是发生在她眼皮底下的巨大劫难她都视若无睹。

陈家骅是《上海文学》前身《文艺月报》编辑，晚年侨居美国。他和王安忆母亲茹志鹃是同事，几次见过幼时的王安忆，所以看过《长恨歌》后十分失望地说，《长恨歌》写得"十分精细"，但他不喜欢：

> 我觉得作家应该去发掘人们深感痛痒的问题，而不是脱离生活实际，不食人间烟火似的钻进象牙之塔。……我们要了解的是毛时代三十年间家破人亡的血泪哀歌，和平及温馨只是一个不着边际的幻梦，是纸上的画饼。[2]

他以《文艺月报》编辑部为例：三反运动时，一位行将分娩的

---

1 陈晓明：在历史的"阴面"写作——试论《长恨歌》隐含的时代意识
2 陈家骅：谈父女档小说。

女编辑被怀疑贪污，"打虎"人员把她斗得死去活来；反胡风反革命集团运动时，鲁迅研究者雪苇调来任副主编，不到半个月就被抓走；新派来另一副主编王元化，还未上任也因同样罪名半途失踪；通讯联络组的一位扬姓女编辑更冤，她和某出版单位的一位罗姓编辑恋爱，罗也是胡风分子，就把他们一起流放到大西北，一去二十几年；一九五七年反右时，副主编黄源和编委王若望被戴上"右派"帽子，陈家骅本人也背上莫须有的罪名被送去劳改农场二十几年，弄到家破人亡；到了文革，主编巴金被打倒批斗；编委魏金枝关押牛棚，长年压抑郁郁而终；编委王西彦被冠以"最大的学术权威"轮番揪斗；编委以群受不了摧残羞辱跳楼身亡；编辑部副主任王道乾也遭残酷迫害；还有通讯联络组的几位青年编辑也没逃脱批斗。

小小一个文学杂志编辑部，历次政治运动中竟有二十位同仁不仅本人遭难，还祸及他们全家老小。茹志鹃因一直受重点培养，成为上海文学界极少的幸运者，文革中也没遭大难，这才有了王安忆美好的文革岁月。因此，陈家骅叹吁："王安忆是'大手笔'，是'著名作家'，希望向实际扫描。"[1] 记录身边被侮辱被损害的人。

一九八三年，王安忆和母亲茹志鹃在美国爱荷华笔会与陈映真相遇，老革命茹志鹃和陈映真十分投契，但王安忆则"刚从知青的命运里挣脱出来，心中充满愤怒，要对那个曾经走过的时代进行激烈的批评，但陈映真则认为，相对于同来'爱荷华'的其他国家的作家悲惨的命运，我所遭受的苦难不值一提。"[2]

台湾左翼作家陈映真是马克思主义信徒，社会主义者，一直赞赏大陆的文革，如此荒唐的话出自他口并不奇怪。但王安忆难道也不懂？一九四九年后大陆人民蒙受的灾祸世所罕有，即使中国人遭的苦难小于他国，作家就不必书写自己的感受了？按此逻辑，世界

---

1 陈家骅：谈父女档小说。
2 曹可凡：王安忆：热眼看自己。

上凡是灾难小于奥斯维辛的悲剧,作家都不必去讲述了?然而,就是这样一个陈映真,从此就成了王安忆(自认)的精神偶像、文学引导者。

对于这种说法我是存疑的,自视极高的王安忆,真会如此信奉陈映真?仅仅相处几天的陈映真对她的影响,真的大于深入她骨髓的革命父母?更大的可能是,她假陈映真这番话为自己漠视惨痛历史,更确切地说,对惨痛历史的无感找一个遁词和合理依据。所以,

> 她一再自我譬解:总体上我的小说创作是不太现实的,我对现实不很关心,我关心的是审美。[1]

说到底,王安忆还是中共干部的后代,是"共和国幸运的'乖'女儿"。她没有磨难需用文字一吐胸中的悲鸣与块垒,也不具托尔斯泰、屠格涅夫的贵族精神,感同身受地为受难者奋笔,为改变社会的不公不义疾书。所以,她的人格境界或者说审美趣味,就是把利用公务奸杀"上海小姐"的警察,"捣糨糊"成无业青年。

黄惟群曾鞭辟入里地诠释过王安忆:

> 她的致命缺陷是:胸中没有一座可以仰靠的大山;也可以说,她缺少一个完整、坚定、纯属自己的思想感情体系,缺少她作为作家的灵魂。每个成熟的作家胸中都该有一座大山,这大山就是他的世界观,就是他完整的思想情感体系。这是作家的全部依靠和寄托。作家的作品之所以发亮发光,归根到底,是他的灵魂,他的思想情感体系在发光。作家投向事物的眼光,在事物中所做的提取,对事物进行的再度组合,完完全全基于

---

[1] 王安忆访谈:我的小说是不太现实的。

这座大山。[1]

人们常用"有血有肉"称赞一部作品,其实光"有血有肉"远远不够,还需要有一具坚硬的骨架,这个骨架就是黄惟群所说的"灵魂"。《长恨歌》主角王琦瑶是外表靓丽的虚荣俗女,她浑身都是功利自私、淫靡享乐,就是没有灵魂。她即使一直活在民国时的上海,也不会有幸福人生,因为她没有爱的能力,没有善的能力,更妄谈孕育这些美德。而《长恨歌》的配角个个血肉"模糊",再要求他们有骨架就近乎苛刻了。一部丧失灵魂的作品,不可能有灵性,也就感动不了读者。

没有灵魂的作品最终反映的是作者的"无魂"。

对此,王安忆本人"屡次坦陈自己'是一个很个人主义的人,你要说我对社会有什么责任感,我还真说不上来',认为自己'对这个世界没有什么改变的愿望','不会自觉地负起什么责任'。她显然又是将一个作家的艺术责任与社会责任割裂开来,'封闭'于所谓的'象牙塔'中制作一些虽然精美,但却没有力量、没有承担、没有关怀的'文学精品'。"[2]

没有社会责任感的王安忆

> 塑造的人物常常是木乃伊,不说不具备陀思妥耶夫斯基作品中人物灵魂的自我拷问,连一般意义上的责任、尊严和挑战命运的勇气也谈不上,纯属伪艺术……

《长恨歌》中的人物

---

[1] 黄惟群:一个缺少自我的作家——王安忆作品谈。
[2] 何言宏:王安忆的精神局限。

> 没有追求生命尊严和崇高的悲剧意识，也没有历史残酷无情破坏的沧桑感，更没有激活生命和给人以启迪的生机勃勃的力量，有的只是弄堂、闺阁、照片等死尸的标本，散发着腐朽的气息，更找不到玫瑰、爱情和希望，所有人物的命运都是作者的精心编织，纯属个人小悲欢，和时代本质的真实无关，和当时灵肉的真实情况无关。[1]

著名评论家李建军说：

> 《长恨歌》我是认真地读过了，一直想写一篇文章，叫做"一间没有亮光的屋子"。你不知道她写这篇作品是要干什么，整个意识形态就是她和那几个男人之间的那种感情，既没有历史含义也没有生存含义，所以我觉得她的整个作品是失败的。[2]

---

1 苍狼：阳光和玫瑰花的敌人——致王安忆君的一封公开信
2 李建军：首届"西部文学论坛"纪要，出自《与魔鬼下棋——五作家批判书》。

七 路先生"击溃"王琦瑶

本来,揭示《长恨歌》的伪"写实主义"不需要费那么多笔墨,只要看王安忆如何创作《长恨歌》就可得出结论。她本人曾自矜:

> 《长恨歌》的写作是一次冷静的操作:人物和情节经过严密的推理,笔触很细腻。可以说,《长恨歌》的写作在我的创作生涯中达到了某种极致状态。[1]

仅凭"严密的推理"几个字,她就自我否定了《长恨歌》。

中国当代作家都心照不宣一个认知,一九四九后的大陆,现实中的"精彩"远超出作家的想象力,也就是说,作家不必搜索枯肠去杜撰,只要老老实实记录下来,稍加组装就是一篇篇奇谲故事。试看杨显惠的《定西孤儿院纪事》,近乎白描地讲述孤儿的来历,却教人惊心动魄。

事实是,就文学创作而言,与前辈相比,我辈没受过正规初高中的学习,缺乏中国古典文学基础,缺乏文史哲学养,独独不缺生活感受。何止不缺,奇葩时代的许多奇葩人事,早就超过作家的想象,就看作家用什么眼光和境界去裁剪利用。

这样说,当然不是否定小说的虚构,相反,还要强调虚构的作用,否则何需作家费神费力去写作。虚构的作用恰如鲁迅谈他小说中人物的创作法,"往往嘴在浙江,脸在北京,衣服在山西,是一个拼凑起来的角色"。目的无外乎让人物更丰满更有典型意义,并

---

[1] 我眼中的历史是日常的——与王安忆谈《长恨歌》。

通过人物反应时代的风貌。不然，如果小说中的人物是汉代的嘴，宋代的脸，清代的衣服，只能是怪莫怪样的四不像。也如王元化对《文心雕龙》中"拙辞或孕于巧义，庸事或萌于新意"句的释义："作家在作品中所写的仍旧是生活中常有的'拙辞'，仍旧是生活中常见的'庸事'，他只是凭借想象作用去揭示其中为人所忽略的'巧义'，为人所未见的'新意'罢了。"[1] 所以，虚构的最大作用，就是作家以自己的眼光通过刻画符合时代场景的人物和事件，提炼出复杂的人性和时代真相，最后实现反映时代和社会特征的文学的真实。

反过来说，一旦违背时代、社会和历史真实也就不存在文学的真实，矫饰得愈美艳愈炫目，离文学的真实愈远，只能胡编滥造出一座空中楼阁。

这里，拿出著名老作家白桦一篇《我的邻居路先生》，就可不费吹灰之力拆除攀上文学"高峰"的《长恨歌》的脚手架。

《我的邻居路先生》这篇人物散记，不加修饰地通过路先生的几个片段，刻录了一九四九到一九八〇年代上海的真相，可以一举推倒王安忆绞尽脑汁"推理"出来的王琦瑶，让她无处立身。

一九五七初春，白桦与妻子搬进一户资本家让出的底层房子，落地窗外是一座八十平方米的小花园，是地处上海徐汇区高档住宅区的弄堂花园洋房，墙壁爬满藤萝绿荫的弄堂外是一条幽静的小路。

白桦楼上住着房主路先生，他的工厂被公私合营，他在厂里留用担任工程师。

有一天深夜，白桦看戏回家，

> 上海人进进出出都走后门，在进门的时候看见一个高高的

---

1 王元化《文心雕龙讲疏》

中年男人,披着湿淋淋的雨披从一辆很破旧的自行车上下来。等到他在门廊里脱下雨披的时候,我注意到:他穿着一身藏青帆布工作服,袖子上还戴着袖套,每一个裤脚管都夹着一个晒衣服用的木夹子,半高腰的橡胶套鞋上补了好几个补丁。他笑着小声对我说:"对不起,您就是白同志吧?"我说:"是的,您……?""我姓路……""啊!您就是路先生。""是的,"他当然知道我嘴里的先生并非尊称,而是为了显示各自的立场。他窘迫地干笑了一声说:"白同志!我们是近邻,以后有什么不符合革命原则的地方,请多多批评!多多指正!"他这句多余而生硬的话使得我十分尴尬,怎么会把什么"革命原则"扯到邻里关系中来了呢?[1]

路先生家也有汽车间,但早就不用私人汽车了,不仅不用汽车,还自己骑自行车,还是"很破旧"的,他一身工人服装,橡胶套鞋上补了好几个补丁。

寥寥几笔,就把五七年后一个资本家自我矮化敛抑、猥琐卑陋的形象跃然纸上。

同样是资本家,《长恨歌》中的严家师母家的气象做派却截然相反。严师母家住在平安里(典型的平(贫)民里)的弄底的一幢独门独户房子。她丈夫也是四九年前的灯泡厂厂主,公私合营后留用当副厂长。"严先生更是汽车出,汽车进。多年来,连他的面目都没看真切过。"

先不论,上海是否有人在这样的平安里尽头建一幢独门独户的房子,路先生在静谧的富人区都低调到骑破自行车进出,严先生却高调地坐着私人汽车在平(贫)民面前招摇过市?!

---

[1] 选自《如梦岁月》,白桦著,学林出版社,2002年12月。

还有一天，白桦为赶火车四点多起床，他怕惊扰了楼上邻居，脚步很轻地去煮牛奶。

一出房门就觉得有乐曲声隐隐从楼上飘下来，虽然声音很微弱，我还是能听出那是舒曼的《梦幻曲》。进厨房，就闻见一股咖啡香，厨房里立着一个陌生人，我只能看见他的背影。他头上藏着一顶十分鲜艳的花线帽，顶上那团红色的绒球耷拉在右耳边，身上穿着一件雪白的丝绒睡袍。煤气灶上正煮着一壶咖啡……我轻轻地咳嗽了一声，他情不自禁打了一个寒噤，猛地转过身来，我这才认出他是路先生。我叫了一声："路先生！"如果不注意，根本就看不出他的一双眼睛里闪烁过一瞬绝望的悲哀，只一瞬，他就镇定了。他从容地面对我："白同志！您起来得这么早？""我要出差到外地，赶火车。""啊！您真辛苦！""没什么，您……？""我还没睡呢！利用周末，为厂里搞一项技术革新……您看，我这身打扮像不像个马戏团小丑？"他的自嘲使我很意外，没等我答话他就继续说了："这是从前当剥削阶级时候的行头，我觉得不穿是个浪费，浪费就是犯罪。都是些很结实的料子，白天把这种行头穿戴出来，别人当然很难理解，以为是我在做白日梦，梦想失去的天堂。所以我只能晚上穿戴，勤俭节约，废物利用嘛！还有这存放了好些年的咖啡，巴西产的，已经有点儿霉味了……一切供人享用的物质财富都是劳动人民创造的，巴西是个热带国家，种咖啡豆、摘咖啡豆都是非常辛苦非常辛苦的，有人说，一颗咖啡豆是用一千颗农场苦工的汗珠换来的……您看，我这么做对不对？"我不经意地回答说："利用废物，当然是对的喽……""谢谢白同志……"他连连点头，匆匆地端着沸腾的咖啡壶上楼去了。本来就很微弱的《梦幻曲》嘎然而止。[1]

读到这里,可怜兮兮的路先生活脱脱站到眼前:半夜起来,偷偷穿戴讲究的衣帽;偷偷听着西洋古典音乐;偷偷地煮咖啡喝,也就是半夜起来偷偷重温四九年前的梦……

这是发生在上海一九五七年真实的故事。

同样发生在上海,同样是一九五七年,却是《长恨歌》里王琦瑶的"良宵美景":她不仅与资本家老婆严师母在穿着打扮上争奇斗艳地比拼,还和严师母、康明逊几个人三天两日喝下午茶,而且喝到一九六一年才自愿散伙。

再强调一遍,路先生住在只有一个邻居的大洋房,都如此小心翼翼噤如寒蝉,连海外寄来的食品都是夜里搬拿。

他们怕的是左邻右舍的嫉妒心,饭都吃不饱的人如果看见身边有人享用大鱼大肉,妒火必然上升,尽人皆知,强烈的嫉妒心能驱使人们做出想象不到的事情来。[2]

到八十年代,路先生还向白桦坦白偷喝高级白兰地的事:

数十年来,我每天晚上都要啜饮一杯,只一杯,最上等的法国白兰地,XO,一天都没间断过。即使是六十年代初的大饥饿,只有你有可能隐隐约约地知道,我依然过着资产阶级的生活,虽然是缩在小小的螺壳里,在上海四周就有人以树皮草根充饥的日子里,居然有人在悠闲地啜饮 XO,如果被饥民发现

---

[1] 选自《如梦岁月》,白桦著,学林出版社,2002年12月。
[2] 选自《如梦岁月》,白桦著,学林出版社,2002年12月。

并且知道它的价格和来路,我一定会被乱棍打死。[1]

半夜偷喝咖啡、白兰地到担心被人发现打死的地步。

然而,到了《长恨歌》里,这些担心全是杞人忧天。你看,王琦瑶那几个喝下午茶的"茶友",如入无人之境地穿弄过堂,上王琦瑶家的楼上还需越过好几户人家,甚至几户合用的狭小厨房,他们依然逍遥自在地喧腾。

我真替路先生遗憾,他要是早点遇上王安忆,就可以堂而皇之地悠悠品享咖啡美酒,而不至半夜起来,好似老鼠偷油喝得胆战心惊。

白桦本人也好不到哪里。一九五九年儿子出生,他妻子"因病手术后没有奶水,当时的牛奶早已属于特权控制的配给品了,有钱也订不到。"[2] 他只得找个奶妈,却没有足够的定粮给奶妈吃,多亏上影厂的同事省下粮票解决他们的燃眉之急。他若"走进"《长恨歌》就好了,可以像王琦瑶几个人翻着花样吃点心,像蒋丽莉家能雇一个奶妈和一个佣人,他就不会那么寒酸了。

"路先生"和"王琦瑶"还有许多迥异可详解,但没必要了。一个路先生,一个半夜起来偷喝咖啡美酒的路先生,就把王琦瑶热闹的"下午茶"打个落花流水。一部《长恨歌》也就靠这道"下午茶"撑起,没有了这道"下午茶",《长恨歌》从何处演绎铺展?

幸好邂逅"路先生",为我的查有实据的论说提供了明证。

顺便说一句,白桦也是从部队退役到上海的南下干部,和王安忆父母属于同一阶层,也占住资本家被迫缴出的房子,但他笔下的人物深透时代的哀鸣,也因此他厄运连连,一辈子不得志,是茹志

---

[1] 选自《如梦岁月》,白桦著,学林出版社,2002年12月。
[2] 选自《如梦岁月》,白桦著,学林出版社,2002年12月。

鹃王安忆母女两代红极文坛的反面榜样。

　　然而,"王迷"们看到这里也许会反问甚至反诘,《长恨歌》被你(们)说的这么不堪,怎么好评如潮,最后成为文学"经典"了?

八 墙外不识墙内事　看椟论珠

事实上，《长恨歌》刚出版时不仅反响平平，一九九九年纪念上海"解放"五十周年时，中共上海市委宣传部搞了一个文学创作评奖活动，《长恨歌》也只可怜地得了个三等奖，没有比上海人更懂上海。

《长恨歌》是越出上海地界后开始走红的。

二〇〇〇年《长恨歌》获茅盾文学奖并入选一九九〇年代最有影响力的中国作品。

本来，只要是一九六〇年代前生的大陆人，不会不懂路先生和王琦瑶哪个是那个年代的真？哪个是那个年代的假？那些评委把胡编乱造的《长恨歌》捧上"茅盾文学奖"，只有几种解释：其一是草草读一下就下评语，反正王安忆的名气大到闭着眼睛给她也不会大错的地步；其二是没有发现问题的能力；当然还有另一种情况就是反正候选作品都是造假，就颁给把假造得漂亮，造得像真的一样的那部吧！

对此清华大学教授肖鹰如此评论：

> 当下批评家群体高度职业化，同时也高度商业化和小集团化。……《长恨歌》预示着王安忆的深刻危机，但是因为有国家级文学大奖撑腰，更因为有评奖权力的批评家们看好一个能够在二十一世纪"做旧上海"的作家王安忆，因此，她就自缚在弄堂深处的阁楼上专心当起"做旧上海"的职业作家。[1]

---

[1] 肖鹰：当下中国文学之我见。

这就是当下的中国文坛,早已丧失正常文学批评,信奉的是唯名家的是非为是非。《长恨歌》到了海外声势更大了。那些不谙大陆社会的李欧梵和王德威等评论家,担任马来西亚的《星洲日报》开办的"花踪世界华文文学奖"评委,二〇〇一年十二月,把首届得主颁给《长恨歌》。

李欧梵在"花踪文学奖"评奖词中盛赞《长恨歌》:"这样的大手笔,在目前的世界小说来说,仍是非常罕见的,它可以说是一部史诗。"[1]这句话几成定论流传网上。

王德威是张爱玲的研究专家,看到《长恨歌》后禁不住发文《海派作家,又见传人》:

> 一九五二年,张爱玲仓皇辞离上海,以后寄居异乡,创作亦由盛而衰,但藉着王安忆的《长恨歌》,我们倒可想象,张爱玲式的角色,如葛薇龙、白流苏、赛姆生太太等,继续活在黄浦滩头的一种"后事"或"遗事"的可能。小说的第二部及第三部分别描写王琦瑶在五、六十及八十年代的几段孽缘。王安忆俨然把张爱玲《连环套》似的故事,从过去的舞台搬到今天的舞台,一群曾经看过活过种种声色的男女,是如何度过她(他)们的后半辈子?张爱玲不曾也不能写出的,由王安忆作了一种了结。在这一意义上,《长恨歌》填补了《传奇》、《半生缘》以后数十年海派小说的空白。[2]

王德威从《长恨歌》中看出王安忆为张爱玲传人,没错!《长恨歌》就是王安忆对张爱玲的模仿之作,可惜她不是模仿张爱玲的

---

1 李欧梵:花踪世界华文文学奖发奖词。
2 王德威:海派作家,又见传人。

文学形式，而是模仿张爱玲笔下的人物，却不顾张爱玲和她之间的时代断崖。

张爱玲写有钱有闲人家，所以，常出现娘姨、老妈子的角色。王安忆不顾今夕何夕，要与张爱玲别苗头，套张爱玲的模式，《长恨歌》里几乎家家不是有老妈子、佣人就是有奶妈、娘姨。

蒋丽莉娘家、康明逊家都是资本家，家里用娘姨比较正常。王琦瑶的父亲不过是坐办公室的职员，母亲是主妇，最多是小康人家，却也要用老妈子，即使"睡在楼梯下三角间里"；四九年后"解放"了，严师母家的三个孩子都不是吃奶的年岁，家里还用着一个奶妈一个佣人；蒋丽莉丈夫也不是大干部，家里只有三间屋子，孩子也早过了吃奶的岁数，家里也雇着一个奶妈，一个娘姨……

再看白桦，儿子出生时妻子无奶，雇一个奶妈都供不起吃饭，王安忆笔下的人家却能养活那么多无用的奶妈、娘姨。

所以，几乎每个批评王安忆的人都指出，她的作品无一例外地不是虚化就是背离时代，却没人这样说过张爱玲。王德威仅因张、王写的都是上海小市民，便断定她们的承传关系，而看不出她们间巨大的代际亘隔，正好反证《长恨歌》如何违逆时世。

王德威不知道，民国大名鼎鼎的上海名媛张爱玲，倘若一九五二年不逃离大陆，以她有过汉奸丈夫的历史，文革中不被斗死也要抓去坐牢。张爱玲在一九五〇年以作家身份随中共土改工作队下乡，凭几个月的生活体验就写出《秧歌》和《赤地之恋》，这两部作品至今被定为反共小说而遭禁。假设她留在大陆，又万幸苟活过文革，可能会写出中国的《古拉格群岛》，而编不出香艳腻人的《长恨歌》。

李欧梵靠查资料写了本《摩登上海——1930-1945》，却根本不熟悉真正的老上海，更不了解上海人那些年的油盐酱醋，读到《长恨歌》胡里花俏的全景式鸟瞰，就像看到一个精致的椟柜，认定里面装著名贵的珍珠玛瑙。他坦言最喜欢充满上海味道的第一章，却被老上海李劼一语道破：

> 俗话说，不怕不识货，只怕货比货。假如没有木心对上海小弄堂这种力透纸背的写照，那么王安忆的上海小弄堂物语，可能会成为经典，至少在李欧梵那类教授的心目中。从某种意义上说，木心的出现，让王安忆尴尬之极。名牌有正牌和冒牌之分，上海人也有真上海假上海之别。一个假模假样地把上海弄堂称之为'壮观的景象'，一个直截了当地命名为'发酵的人世间'。仅此一句，高下立判。在木心面前，王安忆关于上海的文字，不仅显得夸张，轻浮，而且十分虚假，充满一个外乡人的胡乱唠叨。至于其中的诗意，假如可以称作诗意的话，让人联想起的则是国人久违了的杨朔散文或者秦牧散文。至于文字根底，无论从上海口语的提炼上说，还是从古典文学的修养上说，木心都足以成为王安忆的老师。假如木心愿意收学生的话。[1]

至于王德威从"张迷"变成"王迷"，不属于本文讨论的范围，但看看黄惟群如何评说张、王：

> 王安忆笔下的上海、上海人，是她坐在黑漆漆的斗室中，凭借电影、图片、听来的故事和一些文字记载开展想象，然后将想象蘸上干乎乎的墨水，使劲挤呀挤地"挤"出来的。她笔下的老上海是她刻意的制造、零碎的拼凑。她不过甩了几滴当代的水，便将之假想成一场过去的雨。她是在用非准确的想象

---

[1] 李劼：中国八十年代文学历史备忘。

的堆砌来"硬写"、"死写"、"愣头愣脑"地写，笔下完全没有张爱玲的自然轻松与智巧。还有，张爱玲的笔下不时总能冒出几句让人叹息感佩、表现出极其感性、悟性、智性、又充分形象、生动诗意的语言，王安忆能吗？怎么比？！[1]

王安忆自己也承认，"上海写作只有两条路，一是走出城市，二是走进书斋"。"用上海的材料来制造一个不是上海的地方，"也就是凌空蹈虚地编故事。至于她与张爱玲的最大不同，她也坦然表白："我和张爱玲的世界观不一样，张爱玲是冷眼看世界，我是热眼看世界。"[2]在有写作自由的环境中的张爱玲尚且"冷眼看世界"，而在没有言论出版自由的社会中的王安忆却"热眼看世界"，还游刃有余地写成"畅销书作家"，彰显了两者人格境界与艺术观念的霄壤之别。

所以，对比老上海李劼和黄惟群与台籍汉学家李欧梵和王德威的"王安忆论"，不难看出，前者是根基扎实树叶如针的松柏，而后者则是飘在水面的轻浮荷花。可知再有名的教授学者，对于不熟悉又不下功夫细究的作品妄加评论，只能留下笑柄。

对这现象，李劼也作过精辟地议论：

> 在这场文化交流当中，最为尴尬的无疑是台籍汉学家。……由于大陆的闭关锁国，他们在海外反而占尽了先机。同样因为大陆的闭关锁国，他们对大陆发生的一切却又茫然无知。……台籍汉学家由于历史的偶然性和在场的临时性，既没有牢固的人文立场，又没有对中国文化和中国历史进程一目了然的了然于胸。他们的盲目是相当惊人的，可能连高晓声和高大泉这两

---

1 黄惟群：登峰造极的疯狂堆砌与不自知——读《天香》、再论王安忆。
2 王安忆：谁的批评都比不上我自己的严格

名字的不同意味,都区分不出来。好在他们又可以利用西方高等学府在中国文人和中国学子心目中的神圣性,利用这些可怜虫对人家莫名其妙的偶像崇拜,在同胞面前扮演西方学者,转身又面向西方扮演文化掮客。……要不是因为国内的文人墨客特别向往在国际上的名声和地位,他们不可能有太大的市场。但由于国内的文人学子同样有着生存的需要,大家互相凑到一起,一拍即合。[1]

于是,在哈佛教授的"名头""牌头"的加持推崇下,追波逐流地涌出用各种浮夸理论美化《长恨歌》的评论,而有真知灼见的批判文章反遭冷落。为此,文学评论家刘波在《十里洋场的尴尬寓言》中尖锐地写道:

> 《长恨歌》是被许多人捧出来的"经典",但这样的"经典"我们随处可见,它没有语言的独特性,也无结构上的创新。只是因为描写了一个旧上海的民国女子而被称为"大手笔",这样的评价不免让人心惊肉跳,同时我也不得不怀疑那些居心叵测的评论家的评论动机和鉴赏力了。[2]

我随手查阅"豆瓣读书"网页一则关于《长恨歌》的评论,发现普通读者的阅读观感与刘波的论断相吻合。粗略统计69条评论,持否定意见的有47人,占68%;表示喜欢的13人,占19%;既不喜欢也不否定的9人,占13%,就是说持批判否定《长恨歌》意见的占近七成。

不妨摘几则看一下他们的评说:

---

[1] 李劼:中国八十年代文学历史备忘。
[2] 刘波:十里洋场的尴尬寓言。

——看这本书的感觉，就像是被平常很清高的长辈拉住手让你坐旁边，然后她开始不管不顾絮叨当年…

——写起来拿腔拿调的，有人说像张爱玲，真的差太远了。

——（小说）没有给我创造出一个特别的上海，反而减少了对人物的代入感，到后面人物的发展已经很难共情，觉得自己就是个旁观者。

——真的太铺陈了，铺陈到哪怕我略过去一页都完全没有关系。

——听书也好看书也罢，都停在了女主（角）去照相馆还是拍广告那里。不知道为啥就是看不下去……我觉得张爱玲的声名不是那么好借的。

——打着女性文学的名头，却和女性觉醒毫无关系，看得我很生气。

——没看完，翻开第一页就扑面而来的"XXX的"真的爱无能。

——我一口气看完第一部的时候真切地以为它完结了。等翻几页看到后面还有剧情，那一瞬间不是"想读"，而是"看起来好累"。

——看完只有无力感，吐槽都吐不出来。

——看到长恨歌里的母女关系感觉很不适，很反感。……总体来说，她的书没有让我读下去的动力。

——太市井小说了，设计和节奏把握都软绵无力。

——首先，我觉得，铺排太多了，"起腻" 而且竟然把文革十年直接跳过去了，跳，过去了，很生硬地跳过去了……就离谱，然后我觉得人物也没有塑造起来……王琦瑶给我的感觉，从十六岁到六十岁，心智一点都没变。

——铺陈太多,竟(尽)是些没意思的排比句,内容也就那样,女主死的也莫名其妙。

——太难看了,有一种似张爱玲非张爱玲的感觉,缺少犀利绝妙的文笔,堆砌着冗长无聊的段落。真的太难看了,当时还买了她的另外一本书,也好难看。从对她的评价就基本可以看出来,"像张爱玲"四个字真真是印在她文风上,不过也是只有面子没有里子。 从《长恨歌》开始,王安忆三个字就是我的雷点。

——读完后感觉文字有点琐碎和矫情,看起来比较精致,但实际索然无味。

——罗里吧嗦,有一种精致的做作。

——痰盂镶金边。

——读了个冗长的描述上海的开头就放弃了,大概有点野心的作家都想在文学领域把这座城打上自己的印记,但啰啰嗦嗦一大堆真的不如张爱玲几句话。

——她的文笔有一种炫技的匠气,能看出来接受过很多文笔训练,张爱玲的文字更浑然天成,用词简洁又不失张力,这可能就是天才和其他人的区别吧,我的印象中张是不会为了炫耀文笔而写大段铺陈的。

——前几年看的,故事忘的差不多了,只记得冗余啰嗦,尤其最前面充斥着大段没必要的繁琐铺陈和心理描写,这是作者能力差和不自信的表现,似乎是怕少写了几个字,人物就立不住了似的,结果写的又臭又长,人物仍然没立住。……看得出来王还是挺努力的,但是能力还是差一点,把握不了太宏大的主题。

——王安忆繁缛的文笔描绘的上海,给我一股梅雨天憋不上来气的潮湿闷热的感觉,感觉这种氛围感是成功的,但文笔的优点也止步于此了，同意楼上说的，匠气太过喜欢炫技。女主角的善恶不是拿来辩解的理由。王安忆的女性观的落后不仅表现在对一个美人女主角的塑造上，而是整篇文章的剧情和视角，她描写的那种刻板的女性特质和"美"居然在小说前半部分解决那么多现实问题，这可能吗？

——看完后整个人懵了。形散神散的一部作品。虽然是茅盾文学奖获奖作品，但是我是真的不喜欢。可能是前头有爱玲奶奶作比，文字读来有点难受。整个故事，就像断裂的指甲，不狠心撕掉扯得揪心，真要去撕又疼得慌。爱玲奶奶用一个女性，写一代人悲剧。王安忆想用一个女性写一代人，到头来，还是只写了王琦瑶。

——被书名和茅盾文学奖吸引了去看的，看完很失望。

——致命无聊，王琪瑶有种白莲花的茶味，……我一直以《长恨歌》为茅盾奖之耻，直到我后来看了其他的获奖作品，就感觉长恨歌真的比上不足比下又一点点余了。[1]

上述酷评也回答了我的困惑，既然大多数读者不喜欢《长恨歌》又为何去买它来读？原来是受作品得奖的名头和专家们的评论驱使。对此，一位叫徽音的网名不无愤懑地向作者也是向评奖者发问：

——我一直很想知道，王安忆让一个她描写的小家碧玉似的女孩子突兀地住到别人家里去，然后又突兀的成为别人的地下情人，到底是出于那种理论支持？她既然那些（么）喜欢"细腻描写"这个手法，为什么连鸽子流言都可以消耗一整章，却对于这两件对于主角和整个作品来讲至关重要的事情一笔带

---

[1] 豆瓣读书：关于王安忆的《长恨歌》，想听听 UU（友友）们的看法 2021-08-15

过？！

——谁帮我回答一下，上海当年的小家碧玉可以莫名其妙住到别人家里去而且一住就是几年吗？谁再帮我回答一下，上海当年的小家碧玉如果要去给阔人当地下情人，她的父母连过问的权利都没有吗？她的内心连一丁点儿纠结都不会有吗？解放前的中国应该是很注重女孩子名节的吧？误入青楼那都是家里穷得不能再穷的乡下女孩子。看张爱玲写的《半生缘》，曼桢因为姐姐是个舞女，连家都不好意思让同事来玩。王琦瑶那种还有姨娘侍候着的小小姐，怎么可能说去当情人就去了。

因为无论作者还是评论家都不屑回答徽因等读者难问的，所以在此不吝篇幅地转载这些评论，让人对比，读者的三言两语酷评与专家长篇大套的奥理，谁是点中要穴的精辟之谈，也让人感知当下中国的文坛与真正的文学和读者间的隔膜之所在。

尽管作家和评论家与读者是两股道上跑的车，但"长恨歌（毕竟）比上不足比下又一点点余了"。因而，借着一九九〇年代兴起的民国热和"上海怀旧"风潮，让《长恨歌》极一时之盛，被改变成话剧、电影、电视剧先后登场，造势全国。但是，作品的盛名再大，虚空的底子难以改出丰实的本子。以拍女性电影闻名的香港导演关锦鹏，慕名拍摄《长恨歌》，却被评为二〇〇五年十大烂片之一。影评人把失败归因于关锦鹏没能把握上海的精神。且不说世界名著被异国拍成名片的比比皆是，就关锦鹏而言，给他带来声誉的电影《阮玲玉》《红玫瑰白玫瑰》也都是发生在上海的故事，问题的根本是原著《长恨歌》里的主角王琦瑶是一个无法自洽的人物，再加一堆来无影去无踪的配角，关锦鹏有再大的能耐如何把骷髅般的人物浓缩出血肉来？

而电视剧《长恨歌》拍得差强人意，就是给原著中的人物穿衣带帽。比如，王琦瑶因父亲出车祸导致半身不遂，治病需要大量的钞票，她不得已才委身李主任。王琦瑶母亲让女儿嫁有权有势的人，由此毁了王琦瑶的初恋和婚姻，也毁了王琦瑶的一生。其他配角也大量增补内容才修改得较为充实可观，为《长恨歌》弥补了不少漏洞。

然而，借助经久不衰的"上海怀旧"，《长恨歌》这部既是伪民国——以不够格的"沪上淑媛"王琦瑶当主角；又是伪后民国（一九四九后的所谓新中国）——由王琦瑶表演不可能过的"民国生活"的《长恨歌》，竟成了"上海民国风情"的注解，并在没有正常文学批评的时代演化成"经典"。事实上"《长恨歌》根本无法穿透作为一种时代性的精神症候的'上海怀旧'，而是成了文化时尚的'精神俘虏'，并且终于同流合污。……共同致力于对真正历史的强迫性遗忘。"[1]

到此，我的一个疑问也得到了解答，写作技巧可谓炉火纯青的《长恨歌》为何不能打动读者？问题恰恰也出在技巧，"技巧越高超，谎言掩盖得越深，离生活的真实越远，离文学的精神越远。"[2]

审读完《长恨歌》，我不胜感慨。已成"经典"的《长恨歌》却经不住我一个人的剖析，在写上述文字时，我反复冒出信口开河、信马由缰、胡编乱造、粗制滥造之类的近义词，因为类似的情节实在太多，让我词穷言枯到愧赧。

不知颁奖给《长恨歌》的评委看到拙文是否汗颜，因本文开示的并非是高深的创作理论，而是成熟作品不该出现的基础病症。诚如苍狼直言的：

> 《长恨歌》存在的问题，具有相当的普遍性，因为在外观

---

[1] 何言宏：王安忆的精神局限。
[2] 苍狼：阳光和玫瑰花的敌人——致王安忆君的一封公开信

上，无价之宝和平庸的赝品几乎是一样的。[1]

由此观之，虽然拙文谈的是《长恨歌》，从中也不难一窥大陆文坛之现状，在充斥着大大小小《国王的新衣》的中国文坛，拙文不过是那个指出国王没穿衣服的稚童。

---

[1] 苍狼：阳光和玫瑰花的敌人——致王安忆君的一封公开信。

第二部分 《福民公寓》——一部反映上海史实的作品

一 写作的缘起

详叙完《长恨歌》，该论说与之"攀比"的拙作《福民公寓》了。

一九八〇年代的大陆，文学炽热，文学青年蔚然成军，我也是其中一员，业余有感而发写点小文，没奢望去写长篇小说。然而，如同不少意外成为写作者所体悟的，有些作品让你看了不敢生妄念，比如普鲁斯特的《追忆逝水年华》之类，但另一些却让你读之克制不住尝试的冲动。

当年，我就遇上这样两部作品。

一部是梁晓声的长篇小说《一个红卫兵的自白》。小说开篇和我的文革体验有点类似，但读下去就成了一个红卫兵参加造反大串联的流水账。作品的内容如此单薄，主角红卫兵的形象如此苍白，我想，我熟知的文革人物就远比他复杂生动！

第二部是王安忆的长篇小说《69届初中生》。先看陈丹青的一篇短评：

> 从文学、小说的角度说，这不是一篇长篇小说，而是写得很长的，介于回忆、自传、小说之间的东西。……你对长篇的

结构、层次、脉络，不知是有意不去深究还是能力不够，总之，这长篇只在长，多在陈诉和描绘，缺乏内在的严密的逻辑力量，所以感情发挥不够深沉。主题也烘托得不够。[1]

陈丹青的灼见也是我读此书的感受，对《一个红卫兵的自白》也完全适用。

于我而言，《69届初中生》还有更具体的刺激。

从小说中，我知道王安忆是向明中学六九届初中生，文革时取消入学考试，小学毕业都是就近分配入学，她的家就在学校不远。而我就读的长乐中学，学校的大门隔马路对着向明中学的大门，我家离学校不足二百米，那么和王安忆的家约在一里路之内。所以，她书中写的一些街谈巷议我也听闻过，觉得她没写出啥深意。

王安忆和梁晓声以写知青文学而声名鹊起，当时已是刮目相看的新锐作家，却写出上述那样稚拙粗疏的作品。依此而言，我不仅觉得写长篇是可望也可及的事，且自信自励，我至少可以写一部好于这两部的作品。

还有一个执念也是我立意的动力。

两千多年前，秦始皇罪不可赦地搞"焚书坑儒"，那也是一场堪称浩劫的"政治运动"，一定少不了抄家查收禁书，也一定遭遇反对抗争，为之殉难的儒生也一定不少。秦始皇至今背着滔天的骂名，但骂来骂去也仅"焚书坑儒"四字，后人读不到四字背后的轶事，执行者如何焚书，又如何坑儒？

我辈不能重蹈那样的覆辙，给千年后的子孙留下文革"抄家批斗"的谜团。尽管类似《上海生死劫》等纪实作品，以受害者的角度控诉文革，为受难人留下了一份证词，但无法反映文革的复杂性。

---

[1] 陈丹青：关于《69届初中生》的来信。

以文革中的加害者来说，他们参与抄家批斗的动因各不相同，有赶潮流表现革命精神的；有掺杂着仇富心理斗地主资本家的；有受当权者不公正对待挟嫌报复的……即使看热闹的旁观者，也少不了各种幸灾乐祸心理。所以，文革是人性的巨大试炼场，不同阶级（层）的人群、形形式式的人样，以光怪陆离的表演轮番上场。为此，要挖掘"抄家批斗"背后的深层原因，描摹卷入其中的人物群像，反映社会动乱的全貌，记录时代的史实，莫过于用小说这种艺术形式。

这是我书写《福民公寓》的初衷。

二 写作的酝酿和完成

此后经年,作为非文学从业者,我只能亢奋地在脑屏上构思谋篇。所幸,我得到一个去日本留学的机缘,走了趟模仿我仰慕的鲁迅"弃医从文"的旅程,随后移居爱尔兰。

终于可以誊抄酝酿许久的腹稿了。

然而,小说的人物情节有了,主题也形成了,就是迟迟下不了笔,我需要解答自设的难题,"革命群众"为何"自发"滥施"抄家批斗"?

笼统说,是毛发动的文革鼓惑了他们。但是,毛搞文革的目的是摧毁刘少奇的势力,而冲击地、富、反、坏、资本家是基层革命群众(红卫兵、工人和贫下中农造反队等)近乎"自发"的行动,只因符合毛的"天下大乱达到天下大治"的意图被放任而已。

我搜索海外研究文革的材料,读到杨小凯的一篇文章,谈文革中的"社会冲突论"才茅塞顿开,困扰小说的"文眼"也随之贯通。我用一年时间完成《福民公寓》初稿,却花三年烹文煮字地修改,为找一个满意的开头又延宕近一年。对比王安忆花五个月"推理"出《长恨歌》的超常"虚构"才气,我只能为自己缺乏编造能力而自愧弗如。

三 《福民公寓》与《长恨歌》谁说尽上海？

虽然论"虚构"《福民公寓》不敢望《长恨歌》项背，但说"写实"倒可以道一番长短。用鲁迅名言注释非常贴切："从喷泉里出来的都是水，从血管里出来的都是血。"

《福民公寓》是醮着蒙难者的血迹书写的，我写作的唯一目的，就是遵循陀思妥耶夫斯基说的，"我只担心一件事，我怕我配不上自己所受（对我来说是所见）的苦难。"灾祸是文革亲历者的最大财富，要不空耗它的最好方式，就是掮起应负的使命，写出那个时代的真相。

《福民公寓》讲述一九四九年到一九八〇年代末，尤其是文革期间我的"左邻右舍"遭殃的悲剧。他们中有工人、机关办事员、区长、医生、翻译、舞女、大学生、大资本家、高知右派等。很偶然的，我没听闻过蒋梅英命案，却在小说中写了一个民警利用职务与舞女通奸的事。

《福民公寓》里林林总总的人物，是上海市民的群像。他们充溢我的情感，代我倾述半辈子的生活感触。他们至少比王琦瑶有资格做上海"代言人"。

王安忆曾自诩自己是写匠，无论坦率自谦还是骄傲自得，这是她的夫子自道。因此，与《福民公寓》不同，《长恨歌》不过是她写作流水线上的又一部产品，犹如黄惟群分析的：

> 她用一把米非要烧出一锅饭，于是拼命加水，加到清汤寡水。……这也是为什么，《长恨歌》这样一部穿过几个历史时

期、从遥远处缓缓写来、足以写出一个天大的生命之苍凉的小说，最后竟出现了王琦瑶丧身刀下的戏剧性结局。这死死得毫无道理，死得偶然，死得没一点必然性；更重要的是，这死，触及不到王琦瑶悲惨命运的本质，加深不了读者对她悲惨命运的认识。[1]

因为《长恨歌》是王安忆的"一次冷静的操作，人物和情节经过严密的推理"出来，所以通篇不见有血气生气意气精神气、充满生命力的人物，有的只是颓废淫靡和暮气垂死的角色就不足为奇了。

结果，无论是王琦瑶遇害横死，还是蒋丽莉暴病而亡，因人物脉络杂乱，只见怪异，不合逻辑，是零度感情写出的"冷文学"人物，读者也只能冷漠以对，挤不出炽热的同情。

细数古今中外的经典名著，找不出一本其中的人物让读者看了无动于衷的，"经典"《长恨歌》可能打破了先例。百年后，如果《长恨歌》有幸成为另类经典，其最大作用就是给后人留下一份记录，让他们知道当今的作家是如何"改造"我们时代的。

---

[1] 黄惟群：一个缺少自我的作家——王安忆作品谈。

四 留待后人评说

诚然，《福民公寓》和《长恨歌》谁真谁假？到底谁说尽上海？读者才是公正的裁判。王安忆曾大言不惭地说，中国已经什么都可以写了，那么就请她凭中国作协副主席官位，让大陆允许出版《福民公寓》，然后糊去《长恨歌》和《福民公寓》的书名，请百位未读过这两本书的读者阅评定论。

这当然是我一厢情愿的天真幻想，而不是可以实行的设想。好在一切都在我的意料中。我拿《福民公寓》比附《长恨歌》，不为表明《福民公寓》如何出色，而是道破"杰作"《长恨歌》如何灾梨祸枣。就像一个人有命运，一本书也有书运，早在写《福民公寓》时我就准备好接受它的境遇。如同《福民公寓》淹没在书海中，这篇文章也难免相同运势。但我坚信，《福民公寓》总有在大陆出版的那一天，也必能作为一部了解上海文革史实的作品而遗存。

巴金晚年这样谈写作：

> 三十年代我在北平和一个写文章的朋友谈起文学技巧的问题，我们之间有过小小的争论，他说文学作品或者文章能够流传下去主要是靠技巧，谁会关心几百年前人们的生活！我则认为读者关心的是作品所反映的生活和主人公的命运，我说，技巧是为内容服务的。……我甚至说艺术的最高境界，是真实，是自然，是无技巧。……我不能说服他，他也不能说服我，我们走的是两条不同的探索的路。[1]

---

[1] 巴金随想录，探索之三。

《福民公寓》与《长恨歌》"之争",如同巴金和他的朋友之争,巴金和他朋友孰是孰非已经明了,而《福民公寓》与《长恨歌》则待未来定谳。

二〇〇八年,加拿大的一位叫愚翁的读者,在自己的网页列出四本喜欢的书:《一九八四》《动物农庄》《福民公寓》《论语别裁》。没有比这份"答卷"更令我宽慰。我不敢妄拿《福民公寓》攀附奥威尔的作品,但我孜孜以求的最高目标,就是能进入《一九八四》之类作品的行列,哪怕排在最末尾,也是我的荣耀。

我最大的心愿,就是百年后,《福民公寓》仍然排在《一九八四》的行列,让读者借助它明鉴今日的上海和中国,而不为"经典"《长恨歌》鱼目混珠的"代言"所误导。

我满含羞臊写下拙文,不争一时一事,仅作备忘,为百年后的读者立此存照!

附文 一部堪称文革纪念碑的长篇小说
——新版《福民公寓》出版弁言

一

此前,我们决不会想到出版这样一本书,而且还带着惊喜。这本叫《福民公寓》的长篇小说,二〇〇四年在香港出版,二〇一二年在台湾出版,前后已经发行了二十年,且是讲述"过时"的文革故事。

关于文革,我们虽非亲历者,但在国内时没少读此类作品。早在二〇〇〇年,文学评论家许子东就出版了《为了忘却的集体记忆——解读五十篇文革小说》的评论集,还准备增订出七十篇文革小说,显见涉及文革的作品已洋洋大观。后来不少名家的小说:如莫言的《生死疲劳》、阎连科的《坚硬似水》、余华的《兄弟》、贾平凹的《古炉》等也常被列入文革作品。

不妨欣赏一下这些作家的"生花妙笔":

——《生死疲劳》出现这样的场景:"车上的红卫兵在'大叫驴'的率领下喊起了口号:打倒驴头县长陈光第!——打倒奸驴犯陈光第!'大叫驴'的嗓门,经过高音喇叭的放大,成了声音的灾难,一群正在高空中飞翔的大雁,像石头一样噼里啪啦地掉下来……"大雁肉味清香,集上的人像一群饿疯了的狗因抢大雁而发生踩踏,引发混战,最后变成武斗。"事后统计,被踩死的人有十七名,被挤伤的人不计其数。"而陈县长却"骑着纸驴,在全县的十八个集市被游斗,把身体锻炼得无比结实,原来的高血压、失眠等毛病全都不治而愈。"如此出彩的文革镜头，颠倒人们的文革认知，却以"魔幻现实主义"高自标誉。

——《坚硬似水》的男主角复员军人高爱军和女主角嫁到乡镇的城市女孩夏红梅，背叛各自的妇与夫成为恋人，在文革中患上"革命狂魔症"，极度宣泄权欲和性欲。他们一壁以革命的名义造反夺权；一壁听到红歌勃起，想到革命手淫，伴着文革的口号标语和斗争歌曲在废弃的墓洞、野河、沟渠、草垛，甚至挖地道疯狂通奸做爱，及至在地道里砍杀奸妇之夫，双双被枪决。这般"出奇出新"闻所未闻的文革，有一顶"荒诞现实主义"桂冠。

——与之相比，《兄弟》中的文革"写实"到近乎漫画，故事中的行凶者都是无名无姓的红（卫兵）袖章。地主分子宋凡平在车站被追堵他的六个红袖章截住，又赶来五个红袖章，十一个红袖章一起把他活活打死；红袖章把野猫放进孙伟父亲的裤裆里抓咬，还用烟头烧他的肛门，他受不了折磨往自己的脑壳砸大铁钉自杀……光怪陆离的"红袖章"的暴行，一看就是道听途说文革者的编凑。

——文革在《生死疲劳》中只是闪回，在《兄弟》中是片段，到了《古炉》才细说一个村庄的文革"全过程"，故被论者誉为"中国大陆目前所看到的有关写文革的这类题材创作中，最独到、最蕴厚、最辟里、最人性、最具有人类意识的一部作品。"然而，作品的"最文革"是：古炉村里两支造反队——夜姓村民组成的造反派榔头队与朱姓村民组成的保皇派红大刀队——你死我活的武斗，看上去十分惨烈，但若没有文革的独特布景衬托，完全是中国传统农村势不两立的宗族争斗。

看似贾平凹别有深意，藉此诠释文革与中国民族性的关系，斯掘出文革发生的历史渊源，古炉（村）烧出的瓷器（China）正是中国的象征。但作者回避了文革狂飙能够鼓荡起的原由是中共的独裁体制，以及主宰这个体制的文革策动者毛泽东，不追索文革肇事者的孽愆，而去推溯民族劣根性，都是避实击虚地自欺欺人，是以"文化决定论"为现政权脱罪。

所以，无论是莫言的魔幻、阎连科的荒诞、余华的戏说、贾平凹的"寻根"，都是同一路数，如评论家许子东（用赞赏的口吻）评价《活着》："只述厄运，不查原因，只见苦难，不见恶人。""小说是可以承受的沉重宣泄，但又不直接关乎体制。"于是，在精神上自断脊梁的作家，既利用文革素材，又不逾界触禁，便把文革当小说人物的背景，用变形金刚的技巧图解文革的荒唐崇高，用低级趣味的下流消解文革的"神圣"意义，再冠以先锋文学之类的美名。所谓"魔幻""荒诞"之类，不过是用眼花缭乱的鬼画符模糊历史真相，用故作高深的手法蔽匿内在精神的孱瘝，直至裱褙创作功力不逮的尴尬，最后写出的只能是回避憯酷现实，患上失语症的病态作品。

由此也解答了我们的一个疑惑，文革题材在大陆已属犯禁，这些欲望贲张的狗血剧情和言不及义宠物呻吟式的"文革"作品为何能大行其道？因为隔靴搔痒无伤大雅的文革故事可以混淆视听，让无文革践历的读者曲解文革，以为文革好似中国民众自发的一场闹剧，而红卫兵如同清末愚昧凶顽的义和团。

有趣的是，不知因过度忧惧而自造紧张，还是为推销书籍而自造噱头，《坚硬似水》《兄弟》之类的书还被"疑问"：这种书怎么能在大陆出版？

二

直到在海外邂逅喻智官先生的力作《福民公寓》，在承受心理和意识冲击中读完该书，我们才知道什么是文革，什么才是真正书写文革的作品，也才明白，仅就文学作品论，墙内墙外也完全是两个天地。《福民公寓》这样的书别说在国内出版，出版社碰都不敢碰。所以，比之《福民公寓》，前述名家的"文革"都是赝品，《福民公寓》才货真价实全景式地摹绘了文革的整个过程。

首先，从横向的面上说，《福民公寓》集中状写上海原法租界高级公寓里居民在文革中的遭际：其中有副区长和区委办事员；有参与造反的红卫兵；有大资本家；有右派分子；有留学过日本的研究所图书馆员；有解放前百乐门的舞女；有留学过英国的天主教徒医生；有印尼归国华侨等众多角色。作者在铺叙这些人物生死歌哭的同时，通过这些人物的活动，勾勒了文革时下至大、中、小学校，上达市、区政府的剧变，还延伸触及上海平（贫）民地段和周围农村地区乃至外地的文革骚乱，让福民公寓的厄难成为全国文革的缩影。

其次，从纵向的线上说，《福民公寓》的故事发生在一九六六到一九八六年间，但通过人物遥忆等情节，倒叙公寓住民一九四九年至一九六六年的景况，表明尽管文革始于一九六六年，但"福"民公寓住民从一九四九年就开始罹乱了，文革迤殃只是一九四九年后一系列政治运动的总爆发。在一九四九年这个节点上，还有两个从苏维埃亡命上海寄居福克（民）公寓的白俄，惊悉中共军队跨过长江后，一个不畏老迈再远走加拿大，一个干脆绝望地自戕。如此就把一九六六年与一九四九及暴政滥觞的一九一七年十月革命联系起来，把文革置于国际共运的链条上彻底反思：文革虽非必然，但也绝非偶然，它只能在国际共运分支的中共极权下发生。

与此同时，小说用社会冲突标示野蛮地抄家批斗，并开凿不同当事者的前世今生，透泄出国人冤冤相报贫富轮回的遗弊残滓。比如，遭大难的资本家南荃裕，追勘他祖上的发家史，可以穷究本末到百年前太平天国时期，他的先祖趁火掠劫财主得暴富；而子女纷纷参加红卫兵造反的吴东旭,如刨根稽考,百年前他的祖上却是富甲一方大地主。

这样,《福民公寓》在横幅和纵轴两面敷陈,倾力从广度和深度摄录文革。

三

需要强调的是,《福民公寓》不是用说教而是以经典现实主义,也即巴尔扎克、契科夫的现实主义创作理念,以生动的现场感,丰富真切的生活细节,情理毕肖的时代氛围,艺术地演绎本身足够荒谬荒诞足够"非现实主义"的文革。

《福民公寓》围绕公寓居民写了四十几个人物,不仅主要角色形象逼真灵动,即使着墨不多的次要角色,也独具性格,面目分明。他们的音容笑貌让你读之如闻其声,如见其人,就像一组群雕,让人镌印在脑,也让人联想曹雪芹在《红楼梦》中对人物的活画。

不难看出,书中栩栩如生的人物,大量充实贴切的细节,是作者基于现实生活中的原型进行艺术的再现,而不是在书房闭门造车"虚构"制作。

就说文革第一要角红卫兵。迄今有关红卫兵的形象不外乎两类:一类是张承志、梁晓声等人笔下的"理想主义者",红卫兵始终是正面人物;另一类是余华(没身临文革初期大动乱,仅凭口耳之学得来的信息)等人笔下的凶神恶煞,属于反面人物;两者的共同点都是把红卫兵简单化或脸谱化。而《福民公寓》中的红卫兵不落窠臼,他们参加红卫兵造反的动机各异,既有受毛蛊惑的一面,又有不满学校及各级领导官僚主义的一面。参加里弄专政队里的红卫兵吴国庆,因自身的贫寒而带着仇富心理加入抄家批斗资本家,同时,当外来的红卫兵批斗喜欢自己的归国老华侨,她还出面阻止。诸如此类既反映了红卫兵造反心理的复杂,又剖悉了文革也是当时社会积累的各种尖锐矛盾的破防。

《福民公寓》还多层次多角度地演示人物的生存状态,在关照人物个性和命运的同时,注重为异化时代留存真迹。

——舞女祝秋艺,"解放"后为找政治靠山,先是嫁给工人丈夫,文革中丈夫在武斗中丧身,为寻找新的靠山,又用色相腐蚀户籍警,这是她可怜的一面;同时,她不甘忍受低人一头的成(身)份,常在邻里间寻机引风吹火无事生非,显露出潜意识中要做"正常人"的好胜,又是她可嫌的另一面。

——户籍警赵河竹利用公职与舞女搞腐化,还性侵资本家孙女,十分可恶。但他占有上海女人的欲望出自失败的恋爱。"解放"后的户籍制度在城乡间筑起鸿沟,赵河竹凭退伍军人从农村招进上海公安局,使他成为极少数进城工作的农家子弟。然而,他进城的幸运反成为他婚恋的不幸,他因自身与城市隔膜的农民特征而受歧视,致使他与上海姑娘的恋爱一再失败,人们在谴责他时难免带一丝同情。

——严轲因父亲的历史问题丧失上大学的资格成为社会青年,为补救自己的"先天"缺陷,他把自己的皮夹子(钱包)上交里委会,自造拾金不昧的"好人好事",试图以"出身不能选择,重在自我表现"争取上大学。这一情节,既为严轲怨恨父亲,在文革中批斗父亲埋下伏笔,也记实了因制度性歧视造成的社会不公,以及"学雷锋,做好人好事"之类洗脑活动的虚伪和异化。

这些人物的悲剧既出自他们的生性,更由畸形时代"锻造",他们都是非人道政治制度的牺牲。

四

　　《福民公寓》以饱满而多姿多彩的人物，自然而扣人心弦的情节，形成大开大阖的张力和美感，让读者获得极大的艺术享受，这些固然是小说的成功所在，但《福民公寓》的最大价值，在于用批判现实主义的姿态，精微显著地雕镂时代和社会本真，以此昭示世人：借社会主义之名，行极权统治之实的共产制度，必定给人类造成巨大灾难。因此，《福民公寓》在纷呈时代风云的广度和深度的基础上达到了罕有的高度。

　　二〇〇八年，加拿大一位读者在网上列出自己喜欢的《一九八四》《动物庄园》《福民公寓》等四本书，他对《福民公寓》的定位非常准确。如果说写于一九四八年的《一九八四》是预言小说，那么故事起于一九四九年止于一九八四前后的《福民公寓》，用极权社会的世相百态实证《一九八四》的不朽预言。

　　《福民公寓》中有一个情节寓意深长：来上海大串联的北京红卫兵诱奸了资本家的孙女南延泠，回北京前他留给南延泠的姓名是：毛文革；地址是：北京天安门一号。南延泠因怀孕打胎而疯了。十年后，毛泽东驾崩，南延泠早就把毛泽东和貌似毛泽东的红卫兵"毛文革"混为一谈，在观看电视转播天安门追悼会实况时，她以为自己寻找了十年的"毛文革"死了，禁不住哀恸悲怆地吼叫："毛文革死了！"仅此一吼，举重若轻自然巧妙地把故事推向高潮，也把强奸民情，凌辱民心，发动文革的毛泽东钉在历史的耻辱柱上。

　　作为长篇小说的《福民公寓》在结构上也颇具匠心。从引章寓居福克（民）公寓年逾古稀的白俄出走即将落入中共之手的上海开场，到末章写"福"民公寓里熬过文革岁已耄耋的资本家等人遁离上海剧终，不仅前后呼应，也深化了小说的主题和思想，达到艺术形式和内容完美结合的审美效果。

彰显深刻思想的作品必然有隽永的生命力。《福民公寓》所解析的文革浩劫和逃逸共产专制的命题，迄今不断得到现实的回应与佐证。

　　新冠疫情期间，号称国际化大都市的上海，在世界面前上演了一幕幕用极端手段封城的人道惨剧，主导运作的还是曾经操纵文革的权力机构。同时，从一九一七的逃离莫斯科（苏联）潮到一九四九和一九八〇年代两次逃离上海（中国）潮，再到一九九七年和二〇二二年两次逃离香港潮，都在在证明，共产极权专制存在一天，中国社会就没有走出文革，中国人就摆脱不了迁逃的宿命，由此可以说，文革既是过去的历史，也是当下的现实。

　　《福民公寓》作者以陀思妥耶夫斯基的名言"我只担心一件事，我怕我配不上自己所受的苦难"自我鞭策，从见证苦难这一朴素的文学立场出发，酝酿二十载，伏案五年，用身心当笔，蘸着奔涌的热血，抒写交织爱与憎的不可复得的人生体验，撰著非目睹者不能尽言的悲剧历史，完成了一部可遇不可求，在华语文坛上不可多得的佳作。

　　因此，我们秉持与作者同样的精神，为留住真实的历史，留住真诚的文学，也为扩大与《福民公寓》不相配的影响力而出版此书，意欲让更多读者结识这部凝聚文革文学结晶的作品，走进或回味那段创钜痛深的历史，并重新审视认识我们身处的现实世界。

（加拿大飞马国际出版社 2024 年）

中国当代文学的尴尬
——从得茅奖的王安忆看得诺奖的莫言

前文《谁说尽上海》强调,以《福民公寓》对阵《长恨歌》的形式详论,并非作者自矜《福民公寓》是如何了不得的佳作,而是揭示文坛一姐王安忆的《长恨歌》这样浮华失实、被网民一针见血地调笑为"痰盂镶金边"的作品,为何不仅赢得茅盾文学奖,还能登上文学"高峰"成为"经典",目的就是剥下一件"国王的新衣",裸露当下中国文坛不堪审视的现状。

事实上,比起得茅盾文学奖的王安忆,文坛一哥莫言这位"国王"穿的"新衣"更耀眼豪华,如果说王安忆是国家级的,得诺贝尔文学奖的莫言当然是世界级的,为此附上两篇评论莫言的拙作,让读者欣赏莫言披挂在身的"新衣"的成色和质地,一览热闹"繁盛"的中国文坛的魔幻真相。

莫言凭什么得诺贝尔文学奖?

为什么是莫言?

莫言得诺贝尔文学奖,消息一公布,诺贝尔奖真的成了炸药奖,在世界各地的华人中炸开了锅,舆论哗然,熟悉和不熟悉莫言的人异口同声地问:"为什么是莫言?"

先不论民众的冷嘲热讽,称瑞典文学院颁奖给莫言是向中共十八大"献礼",以"纠正"前几次(包括挪威的和平奖)颁给异议分子的错误,单说莫言面对他抄写毛著及党员身份等质疑时,心虚又得意地宣称自己得奖"是文学的胜利",言下之意,用文学标准评价他的作品是够格的。莫言还抱怨许多批评他的人"根本没读过他的书",那么我们就来读莫言,看看他的作品质量到底如何?

十几年前,冲着莫言的大名,买了一本《丰乳肥臀》,但读了几十页就读不下去了。几年前,听到他又写了一本"广受好评"的《檀香刑》,忍不住好奇拿来看,却是边看边恶心,勉强看完,留下的全部印象就是吃了一碗变质的杂碎,还是混有蟑螂、苍蝇的。如今,莫言得了世界文学的最高奖,我不得不反省,是不是我鉴赏力不够?于是,再耐心读他的得奖作品《蛙》和《生死疲劳》,勉强看了半部还是看不下去。无独有偶,王蒙和查建英做客凤凰电视台"锵锵三人行"节目谈莫言得奖,查建英说莫言的长篇都看不下去。

当然,超一流的好作品也不一定让大多数人接受,尤其对非文学专业的人。比如:篇幅过长的托尔斯泰的四卷本《战争与和平》和普鲁斯特的240万字的《追忆似水年华》;过于深奥艰涩的乔伊斯的《尤利西斯》、过于幽玄迷离的卡夫卡的《城堡》等等。

那么莫言的作品也是这样的阳春白雪吗？

尽管看不下去，为了做出自己的判断，硬着头皮把《丰乳肥臀》和《生死疲劳》、《蛙》看完。

东施效颦的"模仿现实主义"

诺贝尔文学奖评奖委员的颁奖词说："莫言将魔幻现实主义与民间故事、历史与当代社会融合在一起。"魔幻现实主义，顾名思义，就是魔幻加现实主义。是加西亚·马尔克斯为首的一批南美作家开创的文学流派，其代表作是惊动西班牙语文坛的《百年孤独》。作品讲述西班牙移民后代布恩蒂亚百年前在南美"沼泽雾锁"的地方建立了一个叫马孔多的村庄，是与现代文明完全隔离的未开化地，愚昧落后的马孔多人对一切荒诞不经都深信不疑。所以，小说把现实与神话、传说、梦幻杂糅，情节奇谲多变，打通客观与主观、人间与鬼域的界限，反映了拉丁美洲的一段蒙昧历史。

莫言模仿"魔幻现实主义"讲"高密东北乡"的故事，以《丰乳肥臀》和《生死疲劳》为代表作。《生死疲劳》用中国佛教的六道轮回的观念，让土改中被处死的地主再生为驴、牛、猪、狗、猴讲述遭际，差强人意地模仿了"魔幻"形式。而《丰乳肥臀》在人物和角色关系的构思上套用（说得不客气是抄袭）《百年孤独》。比如《百年孤独》里有一个贯穿始终的母亲乌尔苏拉，照顾几代子孙，《丰乳肥臀》里也有一个母亲上官鲁儿，也是照看几代子孙；《百年孤独》里有一对双胞胎、有一个活了二百岁的神人，有姑侄乱伦，有蕾梅黛坐着毯子飞上了天；《丰乳肥臀》也有一对双胞胎，有一个活了一百二十岁的仙人，有姑父和侄女乱伦；有一个鸟儿韩飞上了树,《百年孤独》中的保守派和自由派内战,《丰乳肥臀》书写成中国的抗战和国共内战,雷同的还不止这些。简而言之,《丰乳肥臀》不过是用中国历史事件的元素在《百年孤独》的框架里填充。

然而,莫言在极尽模仿之能事时,忘了《百年孤独》从表现手法到人物心理和精神状态,与故事的背景地印第安古老独特的地域文化和人文环境十分贴切。读《百年孤独》时,你觉得书中人物怪异和荒诞,但放在吉普赛人、各种巫术、半原始的穷乡僻壤的氛围中,似真非真又不失真。

而"高密东北乡"地处中华儒家传统文化土壤深厚的齐鲁平原,百年来,虽然封闭落后于城市,但并非是与中国社会进程脱节的蛮夷之地。莫言把《百年孤独》中的凶杀、暴力、血腥、乱伦硬贴到《丰乳肥臀》上,把偷情等人欲横流的现象放大成乡村的主流,是现实中找不到对应图景的胡编乱造。比如,上官鲁儿的九个子女,是跟姑父(还得到姑母认可)、牧师、和尚、土匪等七个人苟合和野合出来,已经匪夷所思,和洋牧师生出的野种金童还是金发碧眼高鼻梁,在封建意识浓厚的农村,真有这样的母子,即使家人不管,也早被乡邻的唾沫淹死了。

如果说,莫言小说的"魔幻"部分东施效颦,那么"现实主义"部分能否给读者几个让人难忘的人物呢?比如,我们在托尔斯泰的《复活》里为深具宗教忏悔意识的聂赫留道夫感动;在屠格涅夫的作品里认识他同时代的"多余人";我们被陀思妥耶夫斯基的《卡拉马佐夫兄弟》震撼;从鲁迅的"阿Q"身上看到自己的影子;从沈从文的《边城》里看到翠翠清纯如泉的美好人性;同情又不无嫌恶地看张爱玲《金锁记》里的曹七巧病态的乖戾阴鸷等等。

可惜,你在莫言的作品里读不到类似的人物。莫言几部长篇写了上百个人物,却没有一个是丰满独特让读者动容的。按文学评论家李建军的说法,莫言小说中的人"都是扁平的"。比如,《丰乳肥臀》中写了八个姐妹,但你无法区分她们的个性,或者说她们之间可以互相交换,是莫言分配她们去嫁给国民党官员、共产党干部、土匪、当妓女,而没有人物本身性格发展的脉络,一些次要人物更是召之即来,挥之即去。

结果,看莫言自己得意的几部作品,就像看一台春晚,他就是春晚的导演,指挥演员拖拖拉拉皮皮沓沓热热闹闹表演四个小时,但帷幕一合观众什么也没得到。当然,就像春晚总有一、两个好看的节目,他的长篇也有一些出彩的段子和不少活泼的语言,但在他随意随性毫无节制的笔触折腾下,那些别出机杼颇具魅力的语言和情节,经过恣肆汪洋滔滔不绝啰嗦赘言的混合,成了暴雨后的泥石流,泥沙俱下冲决一切,再美的风景也都毁坏殆尽了。

玩赏残忍和"卡通化"

所以,莫言借用"魔幻现实主义",与其说是发挥自己侃大山式的"发散性"思维,不如说是掩藏自己缺乏大作家细腻刻画人物的功力,披上"魔幻现实主义"这件织锦外袍,也不过是化腐朽为神奇,以遮盖美化袍子底下的肮脏败絮。

"魔幻现实主义"的一个特征就是反传统文学的审美观念,表现一种审丑的美学,同时,魔幻现实主义经典作品的作者又遵循"变现实为幻想而又不失其真"的创作原则,也就是审丑也有它内在的合理性,也要有一个度。比如,《百年孤独》里的雷贝卡在苦恼时吃泥土、墙灰、蚯蚓、水蛭;蕾梅黛丝"用自己的一撮儿粪便在墙上画小动物。"都是病态的癖性,世界上也存在这样的异人。

然而,莫言知道,要成为"大作家"就不能限于模仿,还要有超越"创新"精神。于是,他极尽变态夸张之能事,把不能自圆其说的故事，道听途说的无头案，掺上凶杀、暴力、血腥、乱伦，用审丑的"美学"敷衍成章。他在《檀香刑》里展示凌迟钱雄飞的虐行：一刀一刀要割足五百刀，最后一刀下去方可毙命，早一刀晚一刀都算刽子手的失败，而且每一刀割哪个部位、大小、薄厚都有严格的标准，洋洋洒洒写了十八页的篇幅，看到这里，读者也在跟着受刑。莫言把残暴的酷刑当艺术品来设计，犹如绣花姑娘勾勒了一款新图案，再用丝线一针一线精心刺绣。读者在反胃时不由悲叹，从容写下这些文字的作者，要有多么坚韧超常的玩赏丑恶的心理。

同时，再好的艺术形式也不适合任何题材，莫言用"魔幻"表现"土改"、"三年自然灾害"、"文革"等浸透苦难的政治运动，过于荒诞的卡通化人物和情节，消解了战争的悲壮历史的沉重，不堪回首的悲剧演成突梯滑稽的喜剧。《生死疲劳》中写到，许多老干部忆起文革总是血泪斑斑，把文革期间的中国描绘成比希特勒的集中营还要恐怖的人间地狱，但我们这位县长却幽默讲述自己的遭遇："他骑着纸驴，在全县的十八个集市被游斗，把身体锻炼得无比结实，原来的高血压、失眠等毛病全都不治而愈。"还有一段说："车上的红卫兵在'大叫驴'的率领下喊起了口号：'打倒奸驴犯陈光第！''大叫驴'的嗓门，经过高音喇叭的放大，成了声音的灾难，一群正在高空中飞翔的大雁，像石头一样噼里啪啦地掉下来……大雁肉味清香，营养丰富，集上的人疯了，拥拥挤挤，尖声嘶叫着（抢大雁），比一群饿疯了的狗还可怕。"抢大雁变成了混战，变成了武斗，最后十七人被踩死，伤者不计其数。

批斗治好了的顽症，批斗演变成争抢大雁，且死伤人数胜过武斗，黑色幽默也兜不住如此无厘头。

急功近利粗制滥造

"魔幻"和"意识流"还给了莫言一个便利，就是"小说可以这样胡言乱语（莫言看了《喧哗和骚动》后的体会）"。无拘无束地胡编乱造，使莫言愈写愈顺，愈写愈得意，用四十多天完成《生死疲劳》，用九十多天完成《丰乳肥臀》，可以比肩二十五天完成长篇小说《赌徒》的陀思妥耶夫斯基、为还债几乎不打草稿的巴尔扎克。但莫言也是这样的天才吗？

上世纪五十年代中期出生的人，最关键的长知识的十年赶上文革，基础文化都是小学程度，文革后再补也补不上童子功。有自知之明的人，一个严肃对待写作的人，会格外用心，以勤补拙，就像傅雷提醒张爱玲那样，"要多写，少发表"。

但莫言觉得自己的腹稿快于自己的笔，一个个构思像阿拉伯的石油，在沙漠上打个洞就咕噜咕噜往外冒。连给他启蒙的福克纳的《喧哗与骚动》也只看了半部，心态浮躁如此，哪里会静心学点文史哲儒道释。然而，作家可以胡编天方夜谭，却无法乱造学识，所以，莫言小说里的硬伤比比皆是，而且犯得都是常识性错误。

莫言捏造了一个历史上不曾有、也根本无法实施的"檀香刑"——"一根檀香木橛子，从犯人的谷道钉进去，从脖子后边钻出来，然后把那人绑在树上，维持5天不死。"他大概以为人体从食道到肛门有根直通的管道，却不知从谷道（肛门）插进去的木棒抵达喉咙前早就穿破心肺大血管了，受刑者当场毙命，哪里还让莫言折磨几天几夜？说一个人能受"檀香刑"，等于说一个人能够（几天之内）"刀枪不入"。莫言只要翻一下解剖书，或者请教一下学医的，就不会出这样的笑话。

《丰乳肥臀》里的母亲是和牧师（神父？）玛洛亚有奸情的教徒，他俩的私生子金童（我）也受了洗。既然是牧师（神父？），那么他们应该是新教教徒（中国俗称基督徒），然而，写到后面，母亲一会儿喊："天主啊，睁眼看看！"一会儿又一口一句"上帝"。莫言不知，天主教徒只称"天主"不会说"上帝"，基督徒相反。玛洛亚因教堂被鸟枪队占领就跳楼自杀，基督教教义严禁教徒自裁，一个牧师（神父？）怎么会轻率犯禁？可见莫言不懂教义信口开河，也不知神父和牧师的区别。到最后金童对母亲说："娘，您死了，成佛了，成仙了，到天堂里享福了，再也不用受儿子拖累了。"莫言以为教徒像他糟蹋文字一样，随便亵渎信仰，竟然佛教、道教、基督教一锅煮了。

《蛙》里姑姑对人说已去世父亲："正是家父。"对故世的父亲称"先父"这样的常识莫言都乱用。书中还有"顽抗政府""万端无奈"等费解的句子。诸如此类的低级错误，如果吃不准查查字典，本来不难纠正，可见莫言毫无敬业之心。难怪他只学到大作家的皮毛和形式，没有把握他们的内涵和精髓，最后画虎不成反类犬，他的作品既没有传承中国传统文学的长处，又没学好西方现代派的艺术手法，成了不古不今不中不洋的四不像怪胎。

莫言得奖后有人开始称他为"大师"了，看看犯这么多低级错误的"大师"，中国人的人文素养降到了何等地步，但也不足为怪，垃圾时代出垃圾大师，只是让中国上世纪前半学识渊博的真正大师情何以堪！

莫言作品中的人性表现在哪里？

上述种种显示，也许说莫言的长篇小说是胆大妄为的"故事会"，莫言是有奇思异想的故事篓子还过得去。然而，莫言不安于这样的名分，尤其在得奖后，他要拔高自己作品的层次。他认为，他的"作品之所以能打动评委,是因为描写了广泛意义上的人性,因为自己一直站在人的角度上写人,超越了地区和种族。"

可惜,我们在莫言的作品中没看到应有的人性。

《丰乳肥臀》里的玛洛亚牧师(神父?)和母亲野合后生下了我(金童),母亲抱着我去受洗,受洗是一个庄严的时刻,但牧师(神父?)却和咬着母亲奶头的我抢(摸)母亲的乳房,嘴里还不停地骂我"小杂种"。这里,父亲第一次看到自己的私生子,而且身为牧师(神父?),本该交织出羞愧惊喜慈爱等复杂感情,正是莫言挖掘人性的场合,莫言竟然写得如此粗卑下流,何况牧师(神父?)再淫乱,也不至于在孩子受洗时如此玷污上帝(天主?)啊?

对比《巴黎圣母院》里爱上艾斯米拉达的主教的内心煎熬;《牛虻》里主教蒙泰里尼对自己的私生子亚瑟欲爱不能、欲弃不忍的深沉痛苦,莫言的笔下的牧师(神父?)对私生子的态度的人性在哪里?

《蛙》讲的是用残酷手段执行计划生育的故事,但书中受害者没有从人性的角度进行对抗,迫害者也没有从人性的角度反省。小说主角妇产科医生姑姑,坚定执行党的政策,"喝毒药不夺瓶!想上吊给根绳!"毫无人性地亲手流掉"两千多个"孩子,也没见她在做党的工具和不忍心之间的矛盾心理和人性挣扎。老年的姑姑还是被蛙神索命才幡然醒悟,而且停留在"因果报应"的层次,"她必须活着,经受折磨,煎熬……用这样的方式来赎自己的罪,罪赎完了,才能一身轻松地去死。"姑姑把"受折磨"与"赎罪"混为一谈,没从觉醒的人性提升到战胜盲从党性实为兽性的高度,使赎罪显得浅薄和苍白。

"左""右"逢源内外通吃

莫言得奖后,热捧他的人替他辩解说,眼睛不要盯着他中共官员身份,要看他在作品中如何书写,含蓄地提醒人们,他的作品是"反体制的"。

是的,不能定性莫言的作品是"歌德派",相反,《丰乳肥臀》里的地主、国民党都有不少正面表现,甚至入侵中国的日本兵的随军军医还救了孕妇(母亲)和双胞胎婴儿的命,而共产党员的形象都很负面。以至书出版后,那些参加过抗日的老作家大骂莫言颠倒黑白,抹黑共产党。《蛙》对计划生育的残忍也多有揭露。自相矛盾的是,莫言对丧失人性的计划生育的评价却是相反的,他为中共辩护:"地球上的资源就这么一点点,耗费了不可再生,从这点来说,西方人对中国计划生育的批评,是有失公允的。"如此大煞风景的话,一笔抹杀了计划生育中的所有罪恶,更别说把类似陈光诚那样对抗计划生育的人物写进书里了。

《生死疲劳》里写蓝脸坚持单干不入合作社,受尽压力和磨难,到八十年代推行包产到户,宣告了他的"胜利",批判和否定了中共三十年的农村政策,似乎是"反体制"的。但《生死疲劳》和《丰乳肥臀》的故事都跨越六四,书中却绝口不提六四,如果公开谈六四无法出版,他可以用拿手的"魔幻"手法来隐喻一番,可惜,他不敢!所以许多读者说,莫言的长篇小说最多能看前半部。原因是,政府允许论说的内容,他写得比较放开,政府绝对禁忌的话题,他决不涉及,只能草草了结,精明盘算分寸拿捏都十分到位。

有人对此抱以同情,认为在无形的政治高压下,丧失自由心灵的莫言奴役成性,潜意识里习惯成自然地左右逢源,弄得左支右绌两面不讨好。这当然是一个原因,但还不尽然。莫言在回答关于《生死疲劳》的采访中说:"时间和被遗忘的关系,或者是历史跟遗忘的关系——时间、历史、遗忘。西门闹（小说中被冤杀的地主）当初作为一个满腔怨恨的灵魂，甚至是不屈的灵魂，在阴差阳错之下转成各种动物。但是随着时间的推移，任何的仇恨都会慢慢的消减，所有的痛苦都会在时间的长河里淡化掉，或者被渐渐遗忘掉。……我想进入21世纪以来，我觉得现在这个社会逐渐在倡导一种和解，或者说在提倡一种和谐，和解、和谐最主要的前提就是要遗忘"。

这个调门简直就是为中共的"和谐社会"代言，在中共执政历史上的诸般罪恶——土改、镇反、三反五反、反右、文革、六四——还没清算的情况下，提倡遗忘除了帮闲还能说明什么？在共产国家生活过的大作家，索尔仁尼琴、米兰·昆德拉、凯尔泰斯等人的作品，都体现了一个主题，就是"人和强权的斗争就是记忆和遗忘的斗争"。因为有了记忆才能不忘刻骨铭心的痛，才能反思造成痛的制度之恶，人性之恶，才能寻求正义，才能最终抚平创伤，得到真正的和谐。

其实，以"左"和"右"的观念检讨莫言，或者用他作品中的"反体制"色彩与他言行的"相悖"证明他人格分裂，说对也对，说不对也不对。莫言是一个有啃煤渣和常年饿肚子经历的人，他原初的写作动机是"做作家能够三顿吃饺子"，可悲的是，衣食无忧后他仍没摆脱这种小农意识，养尊处优后功名利欲变本加利。中国的惨烈历史，民族的灾难，农民的疾苦，社会道德的沦丧，人性的堕落等等，都不过是他书写时拿来利用的道具，就像他把"魔幻"拿来做工具。从这种意义上说，莫言超越了"左、右"，因为他根本就没有左、右观念，一切以自己的利益得失为准星。他可以右手写"批判体制"的作品，左手拿体制给予的所有好处，还有纯文学商业化，一样都不少。如此理念主导下写出的长篇小说除了大杂烩，哪里会出深具人文主义情怀的艺术品？

厚颜无耻的犬儒告白

莫言在2009年的一个专访中,回答是否看过赫塔·穆勒(当年诺贝尔文学奖得主)的作品时说:"看过(穆勒作品)片段介绍,没什么出奇之处,这种东西很多。很多东欧跑到西方的作家都用这种方式写作,像米兰·昆德拉这些。几乎所有从东欧社会主义阵营里流亡到西方的作家,都在用这种笔法来写作,控诉他们母国在政治高压下这种荒诞的现象,控诉人的自由在这种社会中受到的压制,以及人的精神扭曲,基本都是这个路数。我觉得他们都还是在控诉黑暗的政体这个高度上,并没有上升到超越政治的高度,伟大的文学一定是超越政治的,肯定不是把控诉一个政体对人的压迫作为最大的目标。"

看到这里,不由哑然。

确实,纯粹从文学的角度而论,相比陀思妥耶夫斯基和卡夫卡等作家的作品,索尔仁尼琴和米兰·昆德拉等作家的作品也许称不上伟大,但这个话由莫言说出来,可比大陆流行的一个笑话,有人对吃不饱饭的人说,西方社会的人都在减肥了,你的意识超前了。

一个对身边每日发生的罪恶视而不见的犬儒,竟大言不惭地蔑视用文学揭露共产社会真相的作家,一个身为作协副主席,任由政府监禁无数写作者而不敢发声,无论艺术水准还是道义理念根本无法攀比东欧反体制作家的附庸文人,却奢谈不屑局限于批判独裁专制,而要超越这个层次写伟大的小说,正是不知天下有羞耻两字。

莫言还煞有介事地提出超越的见解,要像巴金晚年的反思,达到"他人有罪,我也有罪"的深度,"你如果不是一个受压迫者,你肯定是一个压迫者,在这样的社会里,你不是一个铁锤就是一个铁砧。"在他看来,控诉政治对人的压迫的作家只批判"他人有罪",

而没有上升"我也有罪"的高度，写出的作品不可能伟大。这话说得很好，但他真有这样的境界，何止要反思过去的"我也有罪"，现时现地他是作协副主席，是制造文字狱的"压迫者"，是帮闲帮凶的"现行罪人"，他要摆脱自己的罪性，首先就该丢弃作协副主席的宝座，他舍得吗？

不管莫言怎么贬低东欧反体制作家，可以肯定的是，他们用文字记录的共产暴政，是反人类的共产历史的佐证，将和失败并最终消亡的共产史一起为后人阅读，而莫言的作品可以借诺贝尔的光环风靡一时，但早晚会成为中共文化的附属品被扫进历史的垃圾堆。

莫言为什么能得奖？

有人会不解，有人会诘问，莫言如果像你说得这么不堪，他怎么会得诺贝尔奖？

这看似不可思议，却一点也不奇怪。

首先，莫言用南美的"魔幻"黏贴在高密上，还自鸣得意地自诩建立了"高密东北乡文学王国"，但在大多数大陆读者看来，他的"王国"不过是穿着邋遢长衫马褂的中国人系领带戴西洋礼帽，不伦不类丢人现眼。他以糟蹋农村和农民形象为能事，煮出一锅浓浓的冠名为"魔幻""高密东北乡"的怪味汤，大多数国人闻之如腐烂霉变恶臭的泔水，只有没经历过大陆当代历史，不解大陆民瘼的港台人吃来有点麻辣刺激，而西洋人更在莫言的恶癖中找到了臆想中的中国农村和农民，觉得他的小说新颖奇诡，酸臭的怪味汤成了独特的东方珍馐琼浆。

所以，在对莫言作品的评价上，出现了奇怪的反差，港台读者高于大陆，外国——主要是汉学家——又高于港台，莫言成了作品被翻译成外文最多的中国当代作家。美国的汉学家葛浩文就此迷上了莫言，他用去粗取精的译法，把一堆丑陋腌臜的石头清洗打磨，弄出译本比原作更有文采的奇观。所以，文章开头提到的查建英，莫言的中文小说看不下去，却说英文译本读得很有味。这样的"佳话"打破了翻译界的常规。人们所知的现象是，愈是精品愈难翻译，《红楼梦》翻成英文，能够传达六、七成意思已经很好了，反之，莎士比亚的作品翻成中文也可能同样如此。

至于莫言如何谄媚大江健三郎，甚至《蛙》用僵硬的给日本友人（大江健三郎的原形，比如喜欢萨特等情节）的书信形式编撰小说等说辞有诛心之嫌，这里略去不表。

总之，莫言成功了！

莫言得奖的后果

虽然我对莫言的作品提出了这么多异议，但对他得诺贝尔奖并不介意。一百多年来，诺贝尔文学奖选错作家的例子并不少见，其中颁给中国作家和有关中国的作品——1938年美国作家赛珍珠因描写中国农村的作品《大地》获奖——尤其离谱。如同外国政治家总是误判中国的政情，外国文学家也绝难评介中国文学，因为他们不可能真正读懂中国和中国人，所以，在他们的谬奖榜上再多一个莫言不足为奇。何况，瑞典文学院可以给不够格的作家戴上桂冠，但揠苗拔高不能维持他们作品的生命力。如今，中国人还在读上世纪三、四十年代的鲁迅、沈从文、张爱玲等人的作品，有多少人在读《大地》？

我介意的是给莫言颁奖对中国文学的影响，作家肖亮说得好：瑞典文学院"给中国两个明确信号：一，在中国现存政治制度下，作家们已经可以公开出版具备世界级荣誉的文学作品,中国现有的言论出版制度不需要进行脱胎换骨的改革;二,中国禁止言论出版自由的制度已经得到西方民主国家的认可,他们自许的三个代表之一——代表先进的文化已由西方国家提供了不容置疑的证据,他们将再接再厉,继续维护和巩固这种便于自己捞取各种利益的制度。"

除此之外,就文学本身而言,以莫言为代表的中国"主流"作家,躲避崇高和理想精神,漠视现实社会的不公不义,远离民众对文学的期待,用各种文学流派和主义包装怪力乱神性和不食人间烟火的故事和人物,再设置各种文学奖项在小圈子里分赃,"主流"文学陷入自娱自乐的游戏境地。"主流"作家在抛弃大众时,他们的作品也被大众抛弃,失去了活水源头的文学处于濒死状态,莫言得奖是一支强心剂,将激励中国"主流"作家在文学歧路上越走越远,这正是大陆作协所乐见的绝佳效应。毫无疑问,被官方认可的文学愈"繁荣",国内坚持自由写作的作家的空间就愈逼仄,这是瑞典文学院必须面对的颁奖给莫言的后果。

原载《自由写作》2012 年 11 月号

莫言"宣言"——我是犬儒我怕谁？

莫言非"莫言"

莫言获诺贝尔文学奖，给死乞白赖的中国文学扎了一针鸡血，连负责严控文化宣传的中共政治局常委李长春都高调出面祝贺，二零一二年的诺贝尔文学奖颁奖成了中国文学的嘉华年会。

中共不会看错人，莫言是值得褒奖的，他历年的表现早已记录在案，有目共睹。二零零九年法兰克福书展上，戴晴等异议作家发言时莫言毫不犹豫地退席；二零一零年，被问及如何看待诺贝尔和平奖得主获刑时，莫言以闭口"莫言"作答；今年受邀抄写《在延安文艺座谈会上的讲话》，莫言慨然应允挥笔抒情。综上所说，莫言党性过硬，经得起考验，是称职的作协副主席。莫言还写过"唱红打黑声势隆，举国翘首望重庆"赞美薄熙来，如果薄熙来哪天翻盘回潮，莫言照样政治正确，更会文运亨通。

许多人据此调侃中国的"莫言"得奖了，欣喜若狂的莫言不以为意，开始滔滔不绝地给予回应。他深知用诺贝尔奖（奖励有理想倾向的作品）评比标准衡量，自己一身软肋，处处污垢，就心虚又沾沾自喜地宣称，"诺贝尔文学奖是文学奖，不是政治奖"，自己得奖"是文学的胜利"。可惜，说这话时莫言忘了，十年前另一位华人异议作家得诺贝尔文学奖时，中国政府谴责评委会是"出于别有用心的政治动机"，他所在的中国作协指责颁奖"有其政治目的"，当时他怎么不站出来反驳，"这是文学奖不是政治奖！"更有甚者，莫言还借机为中共的新闻出版管制张目，鼓吹现在的中国"是一个可以自由言说的时代",并奴性十足地说"绝对自由出不了好作品。"此谓一举两得,既为中共治下的绝对不自由辩护,又通过肯定创作环境嘉许自己作品的价值。

谁说他"莫言",他为主子圆场的话说得十分乖巧,可见,莫言非"莫言"。

在颁奖礼中继续为中共代言

莫言这样言说并不意外,十年前,他在接受凤凰台记者的采访时就坦言,"我走上文学动机不纯,想写本书卖了,能一天三顿都吃饺子,没想到过要替人民说话。"如今他当上作协副主席,是党给了他能天天吃饺子的厚禄,他理当为党说话。

也许在得意之际忘了形,莫言不慎失言,漏出一句出格话:"希望刘晓波早日出狱"。有人善意地对此过度解读,以为过去莫言为吃体制饭,不得已说了违心话,做了违心事,如今得诺奖了,不在乎政府的压力,将在颁奖典礼及未来籍自己的独特身份勇敢发声了。

然而,人们高估了莫言的良知,殷殷的期待落了空。莫言在颁奖活动中的表现毫不含糊地昭示"你们看错了人!"他还是那个作协副主席,还要保持自己的原有本色,秉持自己的坚定立场,不辱维护党国利益的使命。

在回答记者的各种提问和演讲中,莫言有备而来侃侃而谈。为撇清得到中共高层赞扬带来的负面影响,他强调,诺贝尔文学奖是给个人的荣誉,不是颁给中国文学,更不是颁给一个国家。话音未落,他在答谢词中又承认,"如果没有三十多年来中国社会的巨大发展与进步,如果没有改革开放,也不会有我这样一个作家。"这话正好合上李长春的调子,"莫言获得诺贝尔文学奖,既是中国文学繁荣进步的体现,也是我国综合国力和国际影响力不断提升的体现。"面对中国是否有言论自由问题,莫言说,"你去看看中国的网站,你就会知道中国有没有言论自由,"他假装不知有人仅因几篇网文被判重刑,还说中国的新闻出版审查是必要的,好比出国"申请签证"和"坐飞机安检",故意把为包括被检者在内的旅客安全和为党国安全的新闻出版审查混为一谈。莫言还自欺欺人地说,不知道有作家受刑,忘了上月刚说过"希望刘晓波尽早出狱",再以作家也会因行窃和杀人坐牢为例,顾左右而言他地否定中国作家因言羁縻的现实。

莫言偷换概念强词夺理,听上去十分"机巧高妙",却不过是耳熟能详的外交部发言人的辞令,他更像在大庭广众表演的政客,而不是在文学典礼上领奖的作家。

"我是犬儒我怕谁?"

对此,有人讥讽莫言在斯德哥尔摩展示斯德哥尔摩综合征,这话说对了一部分,斯德哥尔摩综合征患者是受虐者对施虐者习惯性地依赖盲从,但莫言的问题还不这么单纯。

当记者再提身在囹圄的和平奖得主时,莫言断然回绝,"我从来都喜欢独来独往。当别人胁迫我要干一件事情的时候,我是从来不干的。我该说话了,我自然会说话,别人逼着我表态的时候,我是不会表态的。"不知就里的外国人听了,这话说得牛气冲天,莫言是个多么特立独行的人!但明辨真伪的中国人没这么好蒙,无论他如何拿乔掩饰,不过暴露他的犬儒、乡愿本相。因为包括这番话在内,他在颁奖活动中的所有言说,恰恰是在掌握他仕途名利的中共有形无形的胁迫——说得好听点是训诫和教诲——下说出的,而他大胆拒绝不受"胁迫"无惧得罪的,都是对他的利益纤毫无损的无权无势之辈。

莫言这话,好比受赵太爷欺压的"下人"请阿Q评理,阿Q盛气凌人地冲"下人"说"你有什么资格逼我表态?你愈逼我,我愈不说!"阿Q自身也是赵太爷的奴才,哪怕戴上桂冠披上燕尾服,外观道貌岸然了,但怯懦的内心并无改变,听到赵太爷的名字腿就软了,哪里能挺直腰杆为"下人"说话。但他毕竟是"华夏第一人"了,面子总是要的,不敢对赵太爷说三道四,还不敢训斥"下人"吗?所以就有了"不听别人胁迫"的气势。当然,事与愿违,他说得愈大义凛然,他的懦夫形象凸显得愈鲜明。

从某种程度上说,莫言确实不受"胁迫",因为他总是事先就揣摩好"上意",所以,他主动抄写"讲话"。得诺奖后莫言非但不反躬自省,还坚称"绝不后悔抄毛著",因为他根本不屑介意"下意",还泰然回敬草民的批评说,看到"包括在网络上很多对我的议论和批评,我也感到很生气。后来我渐渐感觉到,大家关注议论批评的这个人,跟我本人没有什么关系。很多人在用他们丰富的想象力塑造着另一个莫言。所以我是跟大家一起来围观大家对莫言的批评与表扬。"

好一副"我是犬儒我怕谁"的嘴脸!

事实上,莫言并非无视批评,而是耿耿于怀。他在答谢词中迂回隐晦地编了三个故事回击。第一个故事是:"当众人都哭时,应该允许有的人不哭,"言下之意,我就是一个面对灾难不哭的人;第二个故事是:有时过于敏感较真做"英勇的斗士"是错的;第三个故事的"寓言"更深,出现多种解读:或是群起攻击我的人不定哪天遭天罚;或是民主不过是多数人的暴政等等,总之,是不是好话,你们自己去理解吧!

丧失良知的莫言,不用诺奖赋予的勇气去直面权贵,反而杀个回马枪奚落质疑者，话里有话地透出骄横狂妄——我犬儒了这么多年不是照样得奖？为什么要顺从你们的意见改变自己？尤其是那些令我难堪的异见人士，让我站在你们一边——没门！

中国作家进入歌德人格时代

其实，莫言早在三年前就表明了这样的立场，他在法兰克福书展的演讲中引述歌德和贝多芬的故事说，"有一次，歌德和贝多芬在路上并肩行走。突然，对面来了国王的仪仗。贝多芬昂首挺胸，从国王的仪仗队面前挺身而过。歌德退到路边，摘下帽子，在仪仗队面前恭敬肃立。"莫言评说，"像贝多芬那样做也许并不困难，但像歌德那样，退到路边摘下帽子，尊重世俗，对着国王的仪仗恭恭敬敬地行礼反而需要巨大的勇气。"

好一个自圆其说的奇谈怪论！坚守自尊不媚王权"并不困难"，向国王卑躬屈膝倒"需要巨大的勇气"！如此赞誉弄臣美化犬儒的论调，除了侏儒人格谁说得出？在暴政面前犬儒卑怯情有可原，虽然怒其不争，尚可哀其不幸，但犬儒卑怯还要为犬儒卑怯写颂词，就使犬儒变成了犬奴，卑怯滑向了卑鄙。

可悲的是，莫言的表白代表了中国主流作家的心态，也反映了当下中国知识精英整体犬儒化的生态。有趣的是，有自恃和莫言旗鼓相当的作家，在名曰"祝贺"实为不服时，自夸说"莫言应该得奖，但中国至少还有十个作家够格。"这话说的不错，无论和莫言比作品水准还是思想境界，中国的主流作家半斤八两。他们的写作共性是，"形而上"地揣摩诺贝尔奖评委的好恶，在形式上迎合西方读者的口味，同时，"形而下"地瞄准商业市场，俯就大众读者的低级趣味，还要把持一个原则，所书内容绝不跨越中宣部的禁域，这是主流作家的"一个中心，两个基本点"。所幸中国永远不缺供他们发挥的素材，于是，西方现代派技巧+"没原因"的中国人的苦难+"没来由"的乡村愚昧组装成的三合一作品源源不断。

如今，这样书写的莫言成功了，应了鲁迅近百年前的"预言"：瑞典诺奖评委"因为黄色脸皮人，格外优待从宽（授奖），反足以长中国人的虚荣心，以为真可与别国大作家比肩了，结果将很坏。"今日更"坏"到鲁迅无法想象的地步。中共托庇莫言受奖，自满之情溢于言表，"中国崛起"终于赢得了西方的认同接受；主流作家暗下兴奋，既然不避讳御用犬儒也可以成为世界级"大作家"，他们为什么不继续莫言的道路，尽兴享受歌德人格风靡的时代？

原载香港《争鸣》2013年1月号

喻智官簡介

独立写作者。一九五五年生于上海。一九七六年毕业于上海某卫校，同年进上海某市级医院担任临床医生。一九八八年赴日本留学，日本国学院大学日本文学专业研究生肄业。一九八二年起兼事文学写作。著有长篇小说《福民公寓》、《殉葬者》，长篇纪实作品《独一无二的反叛者——王若望》、《凤毛麟角曹长青》等。一九九六年从日本移居爱尔兰至今。

喻智官作品

长篇小说：《福民公寓》，台湾秀威资讯科技股份有限公司二〇一二年出版，加拿大飞马国际出版社二〇二四年新版。小说以上海"福民公寓"为背景，全景式地呈现了上海文革的惨烈实况。

长篇小说：《殉葬者》，台湾秀威资讯科技股份有限公司二〇一八年出版。小说讲述在政治蹂躏人性的禁欲社会，恋人恋情如何被政治高压异化，最后在六四变迁后的时代以悲剧落幕。

长篇纪实作品：《独一无二的反叛者——王若望》，台湾秀威资讯科技股份有限公司二〇一三年出版。作品书写著名民主人士王若望为争取中国的民主化，年轻时反抗国民党，到晚年反叛共产党，为此三度入狱，最后流亡美国客死他乡的一生。

长篇纪实作品：《凤毛麟角曹长青》，台湾前卫出版社二〇二三年出版。作品记述曹长青当记者后迄今四十年一以贯之特立独行的人生轨迹。

谁说尽上海
——《长恨歌》与《福民公寓》之比较

作　　者：喻智官
责任编辑：李丰果
封面设计：Go-Design
出　　版：飞马国际出版社 (Pegasus International Press)
网　　址：https://www.pegasus-book.com/
电子邮箱：pegasusinternationalpress@gmail.com
出版日期：2024 年 5 月
国际书号：978-1-0688140-2-0
版权所有 · 不得翻印

All rights reserved.
Published in Canada by Pegasus International Press
Library and Archives Canada Cataloguing in Publication
Title: Who Depicts Shanghai Best(Simplified Chinese)
Names: Zhiguan Yu, author
ISBN: 978-1-0688140-2-0 (paperback)
ISBN: 978-1-0688140-3-7 (ebook)

www.ingramcontent.com/pod-product-compliance
Lightning Source LLC
Chambersburg PA
CBHW030439010526
44118CB00011B/716